7. Schuljahr

J. Krampe & R. Mittelmann

Mathe-Training zur Wiederholung & Festigung

7

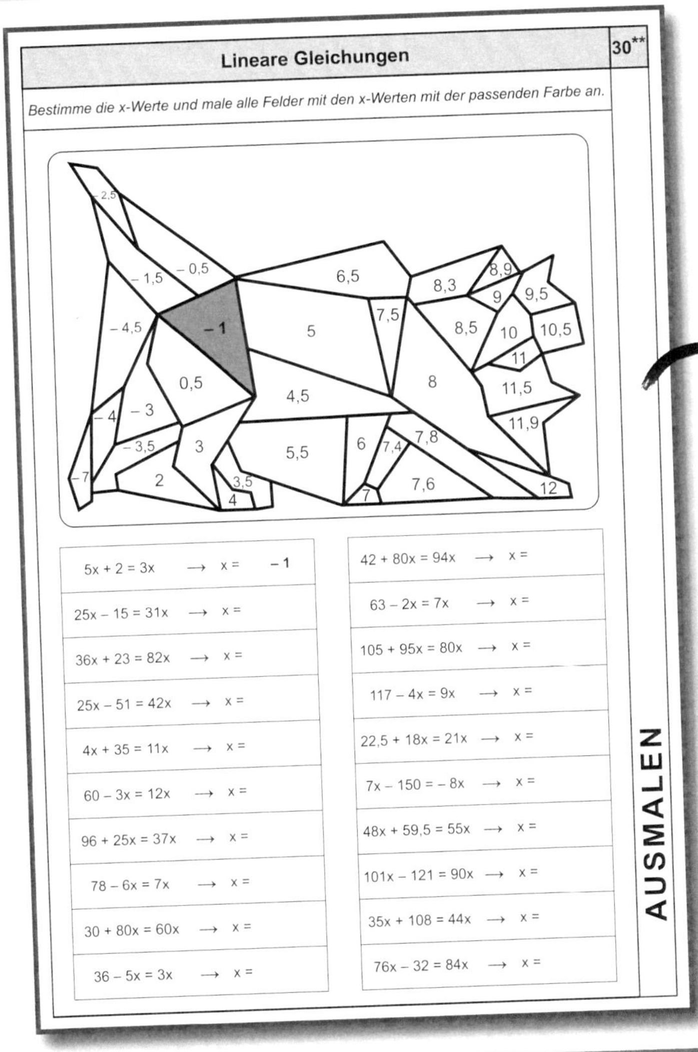

Lineare Gleichungen 30**

Bestimme die x-Werte und male alle Felder mit den x-Werten mit der passenden Farbe an.

5x + 2 = 3x	→ x =	– 1
25x – 15 = 31x	→ x =	
36x + 23 = 82x	→ x =	
25x – 51 = 42x	→ x =	
4x + 35 = 11x	→ x =	
60 – 3x = 12x	→ x =	
96 + 25x = 37x	→ x =	
78 – 6x = 7x	→ x =	
30 + 80x = 60x	→ x =	
36 – 5x = 3x	→ x =	
42 + 80x = 94x	→ x =	
63 – 2x = 7x	→ x =	
105 + 95x = 80x	→ x =	
117 – 4x = 9x	→ x =	
22,5 + 18x = 21x	→ x =	
7x – 150 = – 8x	→ x =	
48x + 59,5 = 55x	→ x =	
101x – 121 = 90x	→ x =	
35x + 108 = 44x	→ x =	
76x – 32 = 84x	→ x =	

AUSMALEN

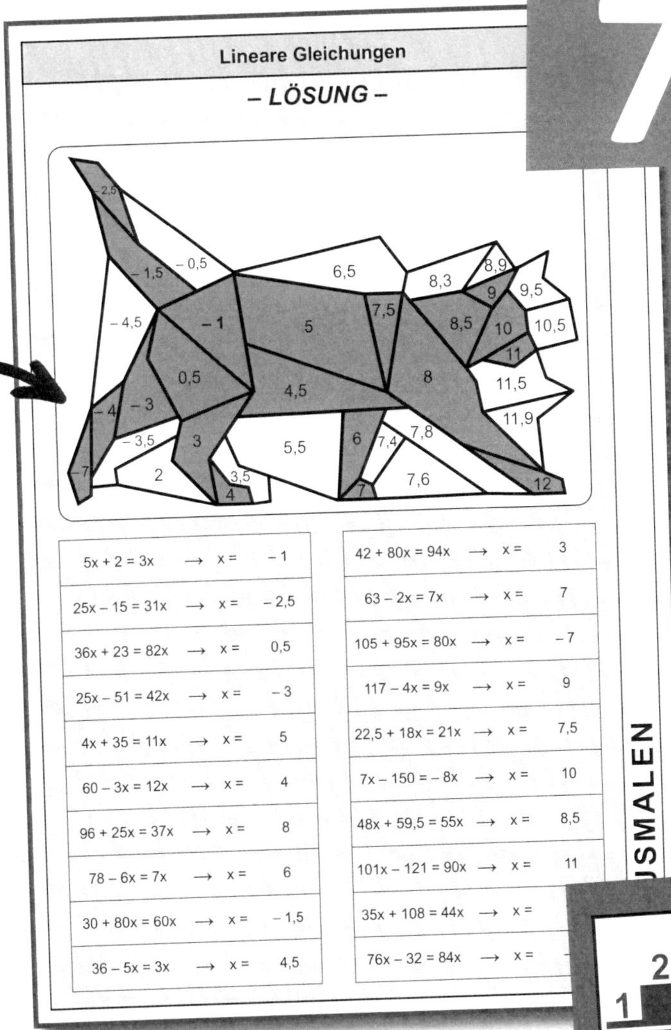

Lineare Gleichungen

– LÖSUNG –

5x + 2 = 3x	→ x =	– 1
25x – 15 = 31x	→ x =	– 2,5
36x + 23 = 82x	→ x =	0,5
25x – 51 = 42x	→ x =	– 3
4x + 35 = 11x	→ x =	5
60 – 3x = 12x	→ x =	4
96 + 25x = 37x	→ x =	8
78 – 6x = 7x	→ x =	6
30 + 80x = 60x	→ x =	– 1,5
36 – 5x = 3x	→ x =	4,5
42 + 80x = 94x	→ x =	3
63 – 2x = 7x	→ x =	7
105 + 95x = 80x	→ x =	– 7
117 – 4x = 9x	→ x =	9
22,5 + 18x = 21x	→ x =	7,5
7x – 150 = – 8x	→ x =	10
48x + 59,5 = 55x	→ x =	8,5
101x – 121 = 90x	→ x =	11
35x + 108 = 44x	→ x =	
76x – 32 = 84x	→ x =	

AUSMALEN

1 2 3

- 45 motivierende Übungen
- 3 Differenzierungsstufen
- Erfolg durch Selbstkontrolle

www.kohlverlag.de

Mathe-Training zur Wiederholung & Festigung

Klasse 7

1. Auflage 2023

Inhalt: Jörg Krampe und Rolf Mittelmann
Umschlagbild: Kohl-Verlag
Redaktion: Kohl-Verlag
Grafik & Satz: Kohl-Verlag
Druck: farbo prepress GmbH, Köln

Bestell-Nr. 12 999

ISBN: 978-3-98841-061-0

Bildquellen: © AdobeStock.com:
S. 5/6: anna42f; **S. 6-10, 30-34, 60-64, 78-82:** Adpragus; **S. 7/8:** green87; **S. 9/10:** MicroOne; **S. 18-22, 48-52, 84-88:** Alex Darts; **S. 23/24:** mikelaptev; **S. 25/26:** monshtadoid; **S. 27/28:** GenoM; **S. 29/30:** sabelskaya; **S. 31/32:** anna42f; **S. 33/34:** MicroOne; **S. 41/42:** hasan; **S. 43/44:** stockphoto-graf; **S. 45/46:** Maksim Shmeljov; **S. 59/60:** MicroOne; **S. 61/62:** dervish15; **S. 63/64:** Gishella; **S. 71/72:** saiko3p; **S. 73/74:** Li Ding; **S. 75/76:** Alexander Raths; **S. 83/84:** MicroOne; **S. 85/86:** anna42f; **S. 87/88:** MicroOne

Der vorliegende Band ist eine Print-Einzellizenz

Sie wollen unsere Kopiervorlagen auch digital nutzen? Kein Problem – fast das gesamte KOHL-Sortiment ist auch sofort als PDF-Download erhältlich! Wir haben verschiedene Lizenzmodelle zur Auswahl:

	Print-Version	PDF-Einzellizenz	PDF-Schullizenz	Kombipaket Print & PDF-Einzellizenz	Kombipaket Print & PDF-Schullizenz
Unbefristete Nutzung der Materialien	x	x	x	x	x
Vervielfältigung, Weitergabe und Einsatz der Materialien im eigenen Unterricht	x	x	x	x	x
Nutzung der Materialien durch alle Lehrkräfte des Kollegiums an der lizenzierten Schule			x		x
Einstellen des Materials im Intranet oder Schulserver der Institution			x		x

Die erweiterten Lizenzmodelle zu diesem Titel sind jederzeit im Online-Shop unter www.kohlverlag.de erhältlich.

Inhaltsverzeichnis

Differenzierung:

ohne Stern: Basiswissen, Basisniveau
mit* : Grundwissen, mittleres Niveau
mit : Erweitertes Wissen, anspruchsvolleres Niveau**

Mathe-Training 7. Klasse ... zur Festigung & Wiederholung – Bestell-Nr. 12 999

Vorwort

Liebe Kolleginnen, liebe Kollegen,

diese Sammlung von Kopiervorlagen orientiert sich an wesentlichen Inhalten der Mathematik im 7. Schuljahr.

Dabei geht es gleichermaßen um Aufgaben zum Leisten wie auch um Aufgaben zum Lernen. So erhält die Lehrperson zusätzliche Übungen, die das Aufgabenmaterial *unabhängig vom Schulbuch* ergänzen können.

Jedes Übungsblatt enthält neben den Trainingsaufgaben eine motivierende Gestaltung der Selbstkontrolle in Form von Rechenspielen in 5 verschiedenen Variationen. Dadurch wird der Einsatz in *Übungsphasen des Unterrichts*, im *Förderunterricht*, in *Vertretungsstunden* und bei den *Hausaufgaben* erleichtert.

Zu jedem Lerninhalt gibt es 3 verschiedene Aufgabenseiten in 3 verschiedenen Schwierigkeitsgraden von leicht bis schwer. Dabei wurde bewusst jeweils die Spielform beibehalten, um der Lehrperson den Einsatz zu erleichtern.

Die Übungsseiten umfassen jeweils maximal 20 Aufgaben, so dass sie sich gut zeitlich in den Unterricht einbauen lassen bzw. als *Hausaufgabe* einen nicht zu großen Zeitaufwand erfordern.

Das exakt gegliederte Inhaltsverzeichnis mit Angabe des Lerninhalts, des Aufgabentyps und der Spielform der Selbstkontrolle und die gute Verfügbarkeit als Kopiervorlagen mit Spielregeln für die Schülerinnen und Schüler ermöglicht einen schnellen, zielgerichteten Zugriff.

In diesem Sinne – viel Spaß wünschen der Kohl-Verlag sowie

Jörg Krampe & Rolf Mittelmann

Jörg Krampe und Rolf Mittelmann ...

- langjährig erfahrene Lehrer und Rektoren an Grund- und Hauptschulen
- Erfahrungen in der Lehrerausbildung als Fachleiter bzw. stellvertretender Seminarleiter
- Schulbuchautoren
- zahlreiche Publikationen zu methodischen und didaktischen Themen verschiedener Fächer der Primar- und Sekundarstufe I, besonders zu Lern- und Übungsspielen

Multiplikation und Division von Brüchen

Rechne und male alle Felder mit den gekürzten Ergebnissen mit einer Farbe an.

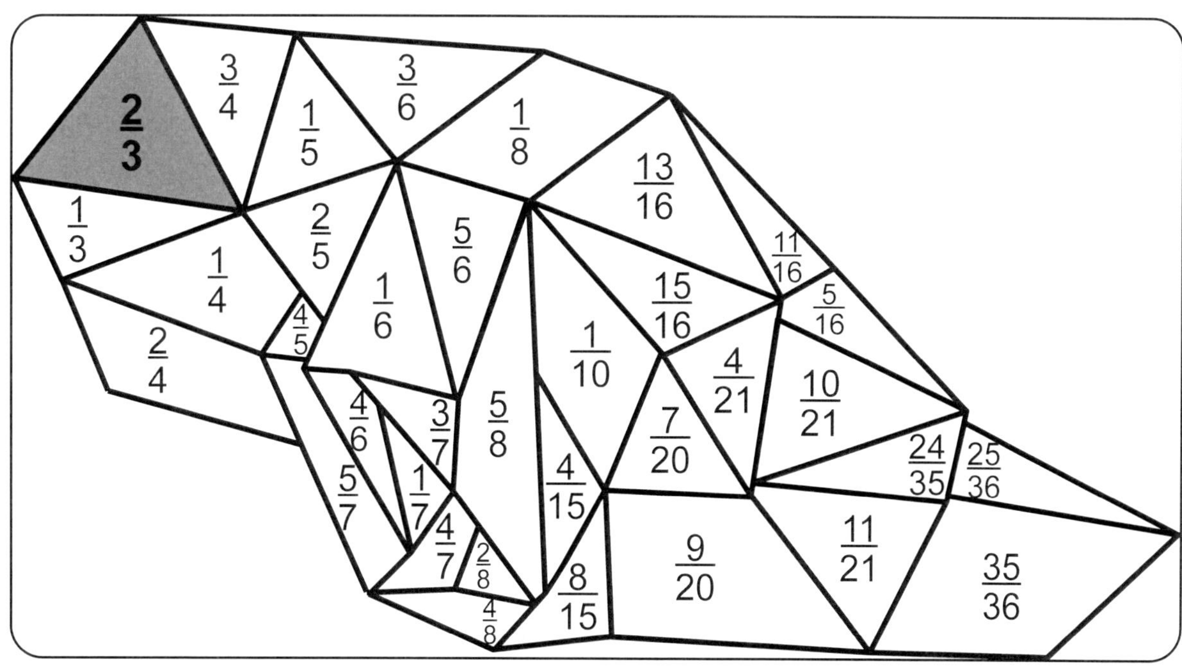

$\frac{3}{4} \cdot \frac{8}{9} = \frac{3 \cdot 8}{4 \cdot 9} = \mathbf{\frac{2}{3}}$	$\frac{3}{4} : \frac{9}{10} =$
$\frac{7}{8} \cdot \frac{2}{5} =$	$\frac{2}{7} : \frac{6}{7} =$
$\frac{5}{6} \cdot \frac{6}{8} =$	$\frac{5}{6} : \frac{6}{5} =$
$\frac{9}{10} \cdot \frac{5}{6} =$	$\frac{4}{9} : \frac{7}{9} =$
$\frac{1}{3} \cdot \frac{4}{5} =$	$\frac{1}{6} : \frac{5}{6} =$
$\frac{1}{5} \cdot \frac{5}{6} =$	$\frac{3}{7} : \frac{5}{8} =$
$\frac{5}{7} \cdot \frac{3}{8} =$	$\frac{5}{6} : \frac{8}{9} =$
$\frac{2}{9} \cdot \frac{6}{7} =$	$\frac{6}{7} : \frac{3}{5} =$
$\frac{4}{5} \cdot \frac{1}{8} =$	$\frac{1}{2} : \frac{5}{8} =$
$\frac{1}{2} \cdot \frac{4}{5} =$	$\frac{4}{9} : \frac{5}{6} =$

AUSMALEN

KOHL VERLAG
Mathe-Training 7. Klasse
... zur Festigung & Wiederholung – Bestell-Nr. 12 999

– *LÖSUNG* –

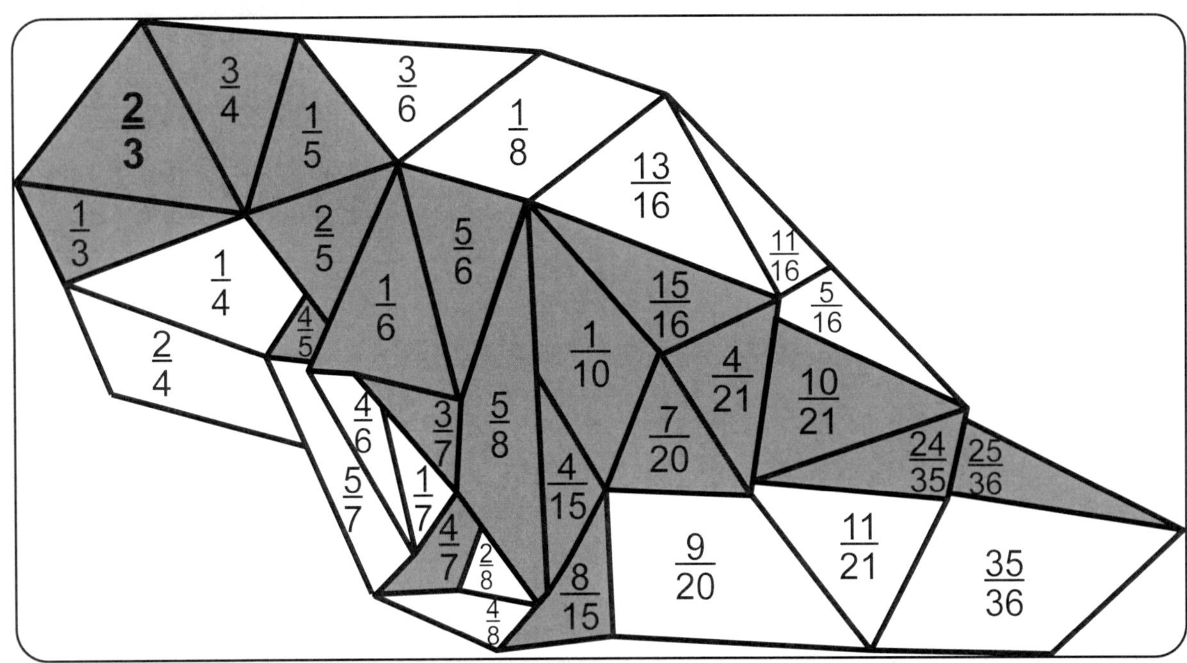

$\frac{3}{4} \cdot \frac{8}{9} = \frac{\cancel{3} \cdot \cancel{8}^{2}}{\cancel{4} \cdot \cancel{9}_{3}} = \mathbf{\frac{2}{3}}$	$\frac{3}{4} : \frac{9}{10} = \frac{{}^{1}\cancel{3} \cdot \cancel{10}^{5}}{{}_{2}\cancel{4} \cdot \cancel{9}_{3}} = \frac{5}{6}$
$\frac{7}{8} \cdot \frac{2}{5} = \frac{7 \cdot \cancel{2}^{1}}{{}_{4}\cancel{8} \cdot 5} = \frac{7}{20}$	$\frac{2}{7} : \frac{6}{7} = \frac{{}^{1}\cancel{2} \cdot \cancel{7}^{1}}{{}_{1}\cancel{7} \cdot \cancel{6}_{3}} = \frac{1}{3}$
$\frac{5}{6} \cdot \frac{6}{8} = \frac{5 \cdot \cancel{6}^{1}}{{}_{1}\cancel{6} \cdot 8} = \frac{5}{8}$	$\frac{5}{6} : \frac{6}{5} = \frac{5 \cdot 5}{6 \cdot 6} = \frac{25}{36}$
$\frac{9}{10} \cdot \frac{5}{6} = \frac{{}^{3}\cancel{9} \cdot \cancel{5}^{1}}{{}_{2}\cancel{10} \cdot \cancel{6}_{2}} = \frac{3}{4}$	$\frac{4}{9} : \frac{7}{9} = \frac{4 \cdot \cancel{9}^{1}}{{}_{1}\cancel{9} \cdot 7} = \frac{4}{7}$
$\frac{1}{3} \cdot \frac{4}{5} = \frac{1 \cdot 4}{3 \cdot 5} = \frac{4}{15}$	$\frac{1}{6} : \frac{5}{6} = \frac{1 \cdot \cancel{6}^{1}}{{}_{1}\cancel{6} \cdot 5} = \frac{1}{5}$
$\frac{1}{5} \cdot \frac{5}{6} = \frac{1 \cdot \cancel{5}^{1}}{{}_{1}\cancel{5} \cdot 6} = \frac{1}{6}$	$\frac{3}{7} : \frac{5}{8} = \frac{3 \cdot 8}{7 \cdot 5} = \frac{24}{35}$
$\frac{8}{7} \cdot \frac{3}{8} = \frac{{}^{1}\cancel{8} \cdot 3}{7 \cdot \cancel{8}_{1}} = \frac{3}{7}$	$\frac{5}{6} : \frac{8}{9} = \frac{5 \cdot \cancel{9}^{3}}{{}_{2}\cancel{6} \cdot 8} = \frac{15}{16}$
$\frac{2}{9} \cdot \frac{6}{7} = \frac{2 \cdot \cancel{6}^{2}}{{}_{3}\cancel{9} \cdot 7} = \frac{4}{21}$	$\frac{6}{7} : \frac{9}{5} = \frac{{}^{2}\cancel{6} \cdot 5}{7 \cdot \cancel{9}_{3}} = \frac{10}{21}$
$\frac{4}{5} \cdot \frac{1}{8} = \frac{{}^{1}\cancel{4} \cdot 1}{5 \cdot \cancel{8}_{2}} = \frac{1}{10}$	$\frac{1}{2} : \frac{5}{8} = \frac{1 \cdot \cancel{8}^{4}}{{}_{1}\cancel{2} \cdot 5} = \frac{4}{5}$
$\frac{1}{2} \cdot \frac{4}{5} = \frac{1 \cdot \cancel{4}^{2}}{{}_{1}\cancel{2} \cdot 5} = \frac{2}{5}$	$\frac{4}{9} : \frac{5}{6} = \frac{4 \cdot \cancel{6}^{2}}{{}_{3}\cancel{9} \cdot 5} = \frac{8}{15}$

AUSMALEN

Mathe-Training 7. Klasse ... zur Festigung & Wiederholung – Bestell-Nr. 12 999

Multiplikation und Division von Brüchen

2*

Rechne und male alle Felder mit den gekürzten Ergebnissen mit einer Farbe an.

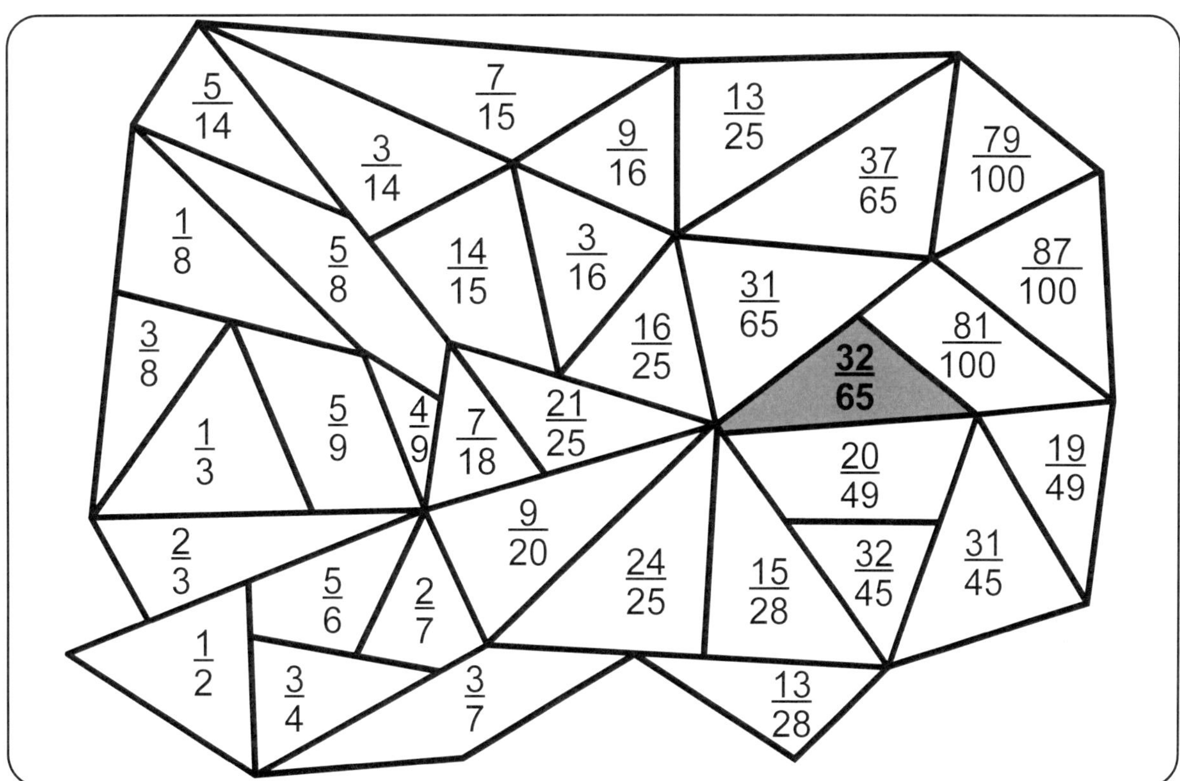

$\frac{8}{15} \cdot \frac{12}{13} = \frac{8 \cdot \cancel{12}^{4}}{{}_{5}\cancel{15} \cdot 13} = \mathbf{\frac{32}{65}}$	$\frac{35}{64} : \frac{49}{56} =$
$\frac{6}{7} \cdot \frac{7}{9} =$	$\frac{9}{10} : \frac{15}{16} =$
$\frac{5}{12} \cdot \frac{9}{20} =$	$\frac{8}{15} : \frac{16}{25} =$
$\frac{36}{49} \cdot \frac{35}{48} =$	$\frac{21}{32} : \frac{35}{24} =$
$\frac{21}{32} \cdot \frac{16}{49} =$	$\frac{9}{35} : \frac{20}{63} =$
$\frac{18}{35} \cdot \frac{49}{27} =$	$\frac{7}{15} : \frac{14}{15} =$
$\frac{24}{63} \cdot \frac{27}{36} =$	$\frac{16}{35} : \frac{5}{7} =$
$\frac{15}{18} \cdot \frac{24}{45} =$	$\frac{21}{26} : \frac{25}{26} =$
$\frac{56}{81} \cdot \frac{9}{16} =$	$\frac{8}{25} : \frac{9}{20} =$
$\frac{4}{5} \cdot \frac{25}{49} =$	$\frac{9}{14} : \frac{6}{7} =$

AUSMALEN

KOHL VERLAG – Lernen mit Erfolg
Mathe-Training 7. Klasse ... zur Festigung & Wiederholung – Bestell-Nr. 12 999

Multiplikation und Division von Brüchen | 2*

– LÖSUNG –

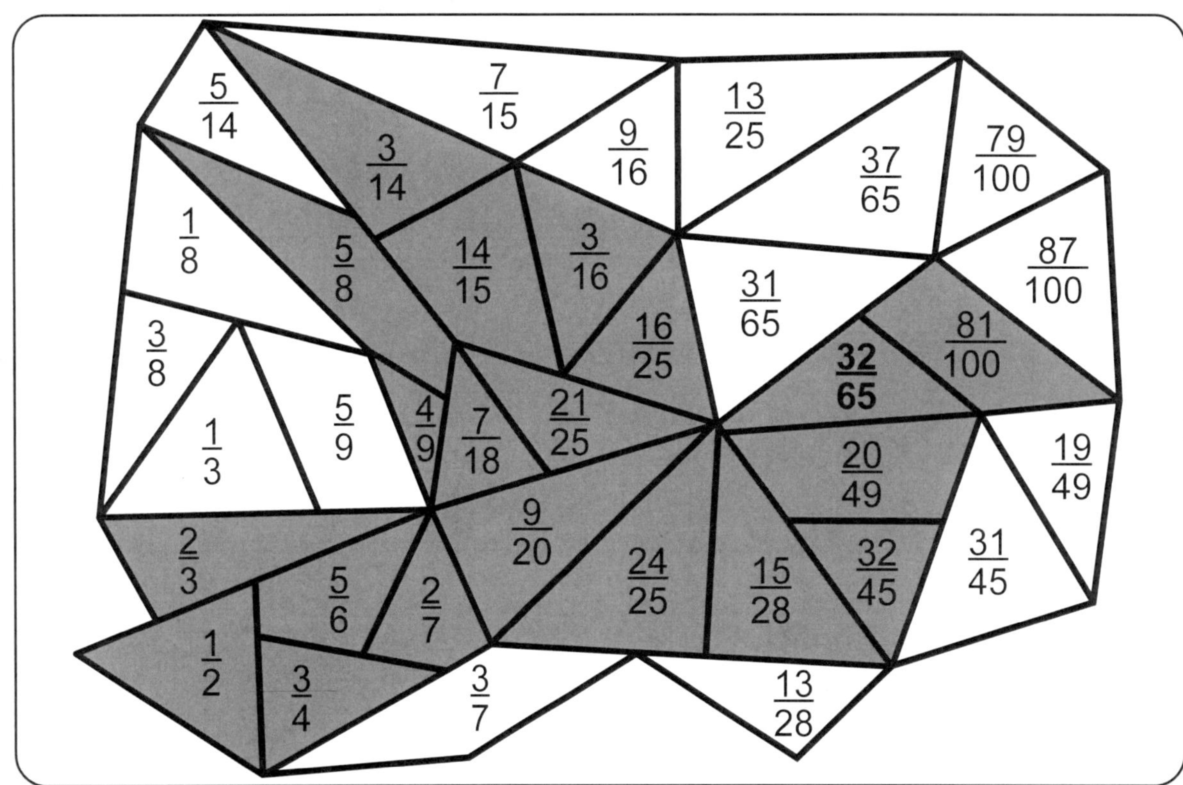

$\frac{8}{15} \cdot \frac{12}{13} = \frac{8 \cdot \cancel{12}^{4}}{_{5}\cancel{15} \cdot 13} = \mathbf{\frac{32}{65}}$

$\frac{6}{7} \cdot \frac{7}{9} = \frac{^{2}\cancel{6} \cdot \cancel{7}^{1}}{_{1}\cancel{7} \cdot \cancel{9}_{3}} = \frac{2}{3}$

$\frac{5}{12} \cdot \frac{9}{20} = \frac{^{1}\cancel{5} \cdot \cancel{9}^{3}}{_{4}\cancel{12} \cdot \cancel{20}_{4}} = \frac{3}{16}$

$\frac{36}{49} \cdot \frac{35}{48} = \frac{^{3}\cancel{36} \cdot \cancel{35}^{5}}{_{7}\cancel{49} \cdot \cancel{48}_{4}} = \frac{15}{28}$

$\frac{21}{32} \cdot \frac{16}{49} = \frac{^{3}\cancel{21} \cdot \cancel{16}^{1}}{_{2}\cancel{32} \cdot \cancel{49}_{7}} = \frac{3}{14}$

$\frac{18}{35} \cdot \frac{49}{27} = \frac{^{2}\cancel{18} \cdot \cancel{49}^{7}}{_{5}\cancel{35} \cdot \cancel{27}_{3}} = \frac{14}{15}$

$\frac{24}{63} \cdot \frac{27}{36} = \frac{^{2}\cancel{24} \cdot \cancel{27}^{\cancel{3}}}{_{7}\cancel{63} \cdot \cancel{36}_{\cancel{3}}} = \frac{2}{7}$

$\frac{15}{18} \cdot \frac{24}{45} = \frac{^{1}\cancel{15} \cdot \cancel{24}^{4}}{_{3}\cancel{18} \cdot \cancel{45}_{3}} = \frac{4}{9}$

$\frac{56}{81} \cdot \frac{9}{16} = \frac{^{7}\cancel{56} \cdot \cancel{9}^{1}}{_{9}\cancel{81} \cdot \cancel{16}_{2}} = \frac{7}{18}$

$\frac{4}{5} \cdot \frac{25}{49} = \frac{4 \cdot \cancel{25}^{5}}{_{1}\cancel{5} \cdot 49} = \frac{20}{49}$

$\frac{35}{64} : \frac{49}{56} = \frac{^{5}\cancel{35} \cdot \cancel{56}^{\cancel{7}\,1}}{_{8}\cancel{64} \cdot \cancel{49}_{\cancel{7}\,1}} = \frac{5}{8}$

$\frac{9}{10} : \frac{15}{16} = \frac{^{3}\cancel{9} \cdot \cancel{16}^{8}}{_{5}\cancel{10} \cdot \cancel{15}_{5}} = \frac{24}{25}$

$\frac{8}{15} : \frac{16}{25} = \frac{^{1}\cancel{8} \cdot \cancel{25}^{5}}{_{3}\cancel{15} \cdot \cancel{16}_{2}} = \frac{5}{6}$

$\frac{21}{32} : \frac{35}{24} = \frac{^{3}\cancel{21} \cdot \cancel{24}^{3}}{_{4}\cancel{32} \cdot \cancel{35}_{5}} = \frac{9}{20}$

$\frac{9}{35} : \frac{20}{63} = \frac{9 \cdot \cancel{63}^{9}}{_{5}\cancel{35} \cdot 20} = \frac{81}{100}$

$\frac{7}{15} : \frac{14}{15} = \frac{^{1}\cancel{7} \cdot \cancel{15}^{1}}{_{1}\cancel{15} \cdot \cancel{14}_{2}} = \frac{1}{2}$

$\frac{16}{35} : \frac{5}{7} = \frac{16 \cdot \cancel{7}^{1}}{_{5}\cancel{35} \cdot 5} = \frac{16}{25}$

$\frac{21}{26} : \frac{25}{26} = \frac{21 \cdot \cancel{26}^{1}}{_{1}\cancel{26} \cdot 25} = \frac{21}{25}$

$\frac{8}{25} : \frac{9}{20} = \frac{8 \cdot \cancel{20}^{4}}{_{5}\cancel{25} \cdot 9} = \frac{32}{45}$

$\frac{9}{14} : \frac{6}{7} = \frac{^{3}\cancel{9} \cdot \cancel{7}^{1}}{_{2}\cancel{14} \cdot \cancel{6}_{2}} = \frac{3}{4}$

AUSMALEN

KOHL VERLAG Mathe-Training 7. Klasse ... zur Festigung & Wiederholung – Bestell-Nr. 12 999

Multiplikation und Division von Brüchen

3**

Rechne und male alle Felder mit den gekürzten Ergebnissen mit einer Farbe an.

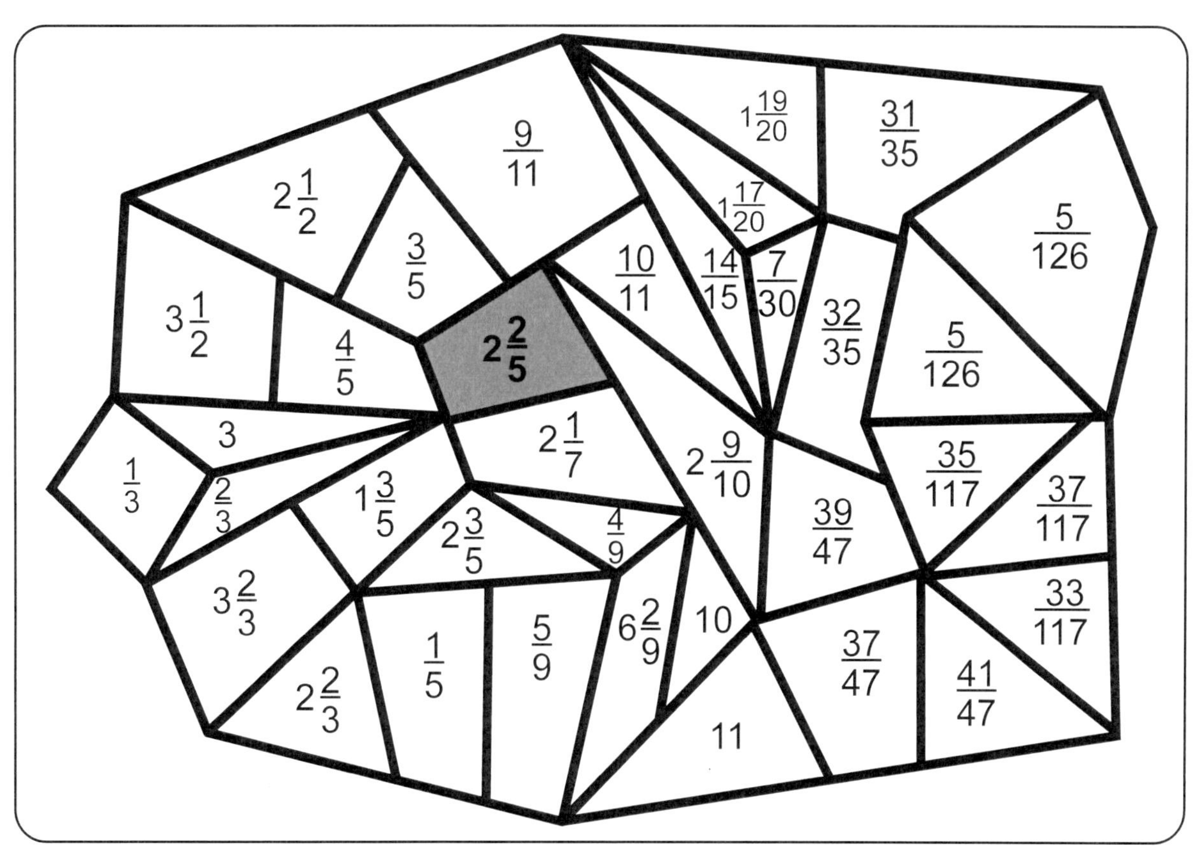

$2\frac{4}{5} \cdot \frac{6}{7} = \frac{^{2}\cancel{14} \cdot 6}{5 \cdot \cancel{7}} = \mathbf{2\frac{2}{5}}$

$3\frac{3}{5} \cdot \frac{5}{6} =$

$1\frac{23}{35} \cdot 1\frac{3}{4} =$

$\frac{81}{94} \cdot \frac{26}{27} =$

$\frac{22}{25} \cdot 4\frac{1}{6} =$

$4\frac{2}{3} \cdot \frac{1}{20} =$

$\frac{25}{54} \cdot \frac{3}{35} =$

$1\frac{7}{20} \cdot 1\frac{10}{27} =$

$3\frac{3}{7} \cdot 2\frac{11}{12} =$

$\frac{16}{19} \cdot \frac{38}{48} =$

$3\frac{5}{9} : \frac{4}{7} =$

$\frac{22}{35} : \frac{11}{28} =$

$3 : 3\frac{3}{10} =$

$1\frac{13}{15} : 2\frac{1}{3} =$

$\frac{36}{49} : \frac{12}{35} =$

$2\frac{6}{25} : 2\frac{9}{20} =$

$1\frac{17}{18} : \frac{35}{63} =$

$\frac{56}{81} : 2\frac{14}{45} =$

$2\frac{14}{15} : 3\frac{1}{7} =$

$\frac{25}{63} : \frac{75}{84} =$

AUSMALEN

KOHL VERLAG
Mathe-Training 7. Klasse ... zur Festigung & Wiederholung – Bestell-Nr. 12 999

Multiplikation und Division von Brüchen

3**

– LÖSUNG –

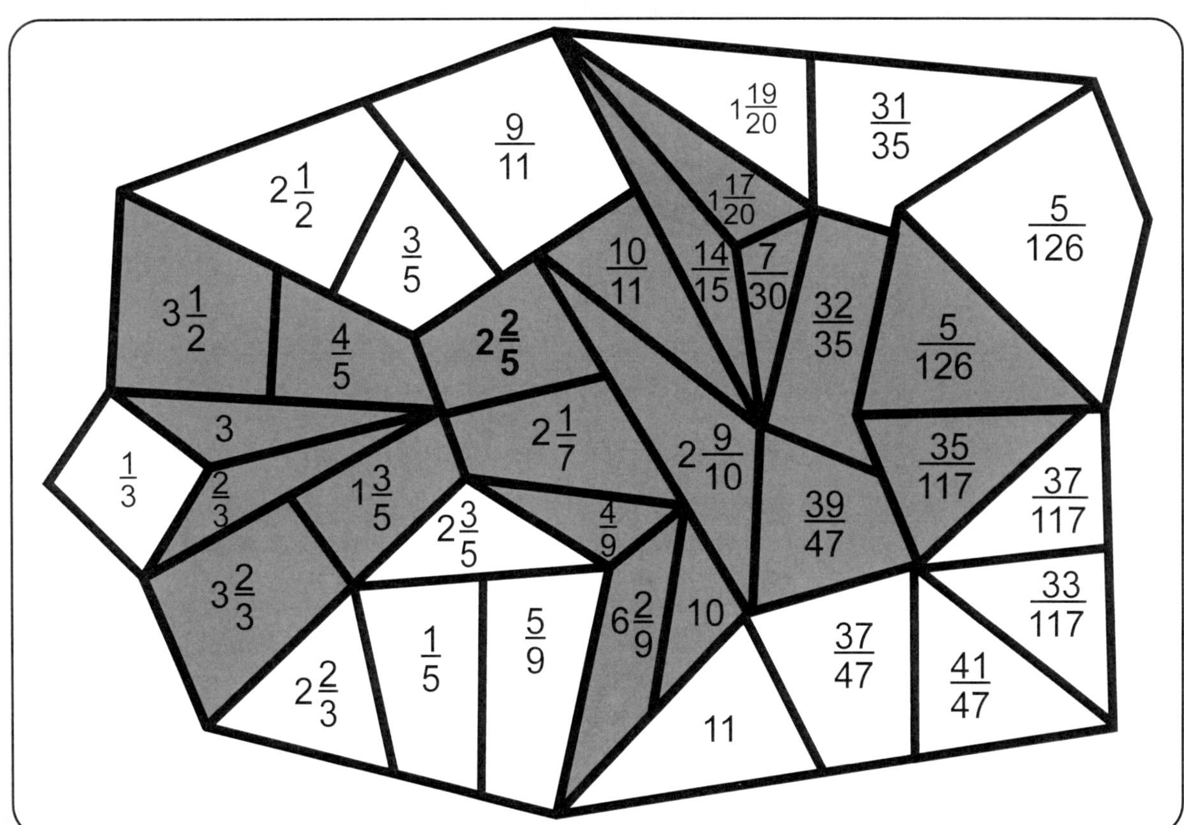

$2\frac{4}{5} \cdot \frac{6}{7} = \frac{\overset{2}{\cancel{14}} \cdot 6}{5 \cdot \cancel{7}} = \mathbf{2\frac{2}{5}}$

$3\frac{3}{5} \cdot \frac{5}{6} = \frac{\overset{3}{\cancel{18}} \cdot \cancel{5}}{\cancel{5} \cdot \cancel{6}} = 3$

$1\frac{23}{35} \cdot 1\frac{3}{4} = \frac{\overset{29}{\cancel{58}} \cdot \cancel{7}}{\underset{5}{\cancel{35}} \cdot \underset{2}{\cancel{4}}} = 2\frac{9}{10}$

$\frac{81}{94} \cdot \frac{26}{27} = \frac{\overset{3}{\cancel{9}} \cdot 13}{47 \cdot \cancel{3}} = \frac{39}{47}$

$\frac{22}{25} \cdot 4\frac{1}{6} = \frac{\overset{11}{\cancel{22}} \cdot \cancel{25}}{\cancel{25} \cdot \underset{3}{\cancel{6}}} = 3\frac{2}{3}$

$4\frac{2}{3} \cdot \frac{1}{20} = \frac{\overset{7}{\cancel{14}} \cdot 1}{3 \cdot \underset{10}{\cancel{20}}} = \frac{7}{30}$

$\frac{25}{54} \cdot \frac{3}{35} = \frac{5 \cdot 1}{18 \cdot 7} = \frac{5}{126}$

$1\frac{7}{20} \cdot 1\frac{10}{27} = \frac{\cancel{27} \cdot 37}{20 \cdot \cancel{27}} = 1\frac{17}{20}$

$3\frac{3}{7} \cdot 2\frac{11}{12} = \frac{\overset{2}{\cancel{24}} \cdot \overset{5}{\cancel{35}}}{\cancel{7} \cdot \cancel{12}} = 10$

$\frac{16}{19} \cdot \frac{38}{48} = \frac{1 \cdot 2}{1 \cdot 3} = \frac{2}{3}$

$3\frac{5}{9} : \frac{4}{7} = \frac{\overset{8}{\cancel{32}} \cdot 7}{9 \cdot \cancel{4}} = 6\frac{2}{9}$

$\frac{22}{35} : \frac{11}{28} = \frac{\overset{2}{\cancel{22}} \cdot \overset{4}{\cancel{28}}}{\underset{5}{\cancel{35}} \cdot \cancel{11}} = 1\frac{3}{5}$

$3 : 3\frac{3}{10} = \frac{\cancel{3} \cdot 10}{1 \cdot \underset{11}{\cancel{33}}} = \frac{10}{11}$

$1\frac{13}{15} : 2\frac{1}{3} = \frac{\overset{4}{\cancel{28}} \cdot \cancel{3}}{\underset{5}{\cancel{15}} \cdot \cancel{7}} = \frac{4}{5}$

$\frac{36}{49} : \frac{12}{35} = \frac{\overset{3}{\cancel{36}} \cdot \overset{5}{\cancel{35}}}{\underset{7}{\cancel{49}} \cdot \cancel{12}} = 2\frac{1}{7}$

$2\frac{6}{25} : 2\frac{9}{20} = \frac{\overset{8}{\cancel{56}} \cdot \overset{4}{\cancel{20}}}{\underset{5}{\cancel{25}} \cdot \cancel{49}} = \frac{32}{35}$

$1\frac{17}{18} : \frac{35}{63} = \frac{\cancel{35} \cdot \overset{7}{\cancel{63}}}{\underset{2}{\cancel{18}} \cdot \cancel{35}} = 3\frac{1}{2}$

$\frac{56}{81} : 2\frac{14}{45} = \frac{\overset{7}{\cancel{56}} \cdot \overset{5}{\cancel{45}}}{\underset{9}{\cancel{81}} \cdot \underset{13}{\cancel{104}}} = \frac{35}{117}$

$2\frac{14}{15} : 3\frac{1}{7} = \frac{\overset{2}{\cancel{44}} \cdot 7}{15 \cdot \cancel{22}} = \frac{14}{15}$

$\frac{25}{63} : \frac{75}{84} = \frac{\cancel{25} \cdot \overset{4}{\cancel{84}}}{\underset{3}{\cancel{63}} \cdot \underset{3}{\cancel{75}}} = \frac{4}{9}$

AUSMALEN

Mathe-Training 7. Klasse ... zur Festigung & Wiederholung – Bestell-Nr. 12 999
KOHL VERLAG

Dezimalzahlen multiplizieren

Rechne aus und ordne aus dem Schlüssel die richtigen Wörter/Silben zu. So erhältst du den Lösungssatz.

24,3 • 0,4 = 9,72 → Harte

15,8 • 0,3 → ______

18,4 • 0,6 → ______

26,9 • 0,5 → ______

17,7 • 0,9 → ______

8,36 • 0,8 → ______

6,08 • 0,7 → ______

9,72 • 0,4 → ______

4,43 • 0,5 → ______

38,4 • 0,06 → ______

49,6 • 0,04 → ______

56,7 • 0,02 → ______

50,9 • 0,03 → ______

47,1 • 0,05 → ______

0,404 • 0,8 → ______

0,821 • 0,7 → ______

0,623 • 0,5 → ______

0,704 • 0,6 → ______

Schlüssel	
0,3115	siko
0,3232	ein
0,4224	eingehen
0,5747	Ri
1,134	rum
1,527	soll
1,984	wa
2,215	schadet
2,304	Aber
2,355	ich
3,888	ge
4,256	mandem
4,74	Ar
6,688	nie
9,72	Harte
11,04	beit
13,45	hat
15,93	noch

Lösungssatz:

Harte ______–______ ______ ______ ______–______

______–______. ______ ______–______ ______ ______

______ ______–______ ______?

GEHEIMSCHRIFT

KOHL VERLAG Mathe-Training 7. Klasse ... zur Festigung & Wiederholung – Bestell-Nr. 12 999

– LÖSUNG –

24,3 • 0,4
9,72 → Harte

15,8 • 0,3
4,74 → Ar

18,4 • 0,6
11,04 → beit

26,9 • 0,5
13,45 → hat

17,7 • 0,9
15,93 → noch

8,36 • 0,8
6,688 → nie

6,08 • 0,7
4,256 → mandem

9,72 • 0,4
3,888 → ge

4,43 • 0,5
2,215 → schadet

38,4 • 0,06
2,304 → Aber

49,6 • 0,04
1,984 → wa

56,7 • 0,02
1,134 → rum

50,9 • 0,03
1,527 → soll

47,1 • 0,05
2,355 → ich

0,404 • 0,8
0,3232 → ein

0,821 • 0,7
0,5747 → Ri

0,623 • 0,5
0,3115 → siko

0,704 • 0,6
0,4224 → eingehen

Lösungssatz:

Harte Arbeit hat noch niemandem geschadet.
Aber warum soll ich ein Risiko eingehen?

KOHL VERLAG Mathe-Training 7. Klasse … zur Festigung & Wiederholung – Bestell-Nr. 12 999

Dezimalzahlen multiplizieren

5*

Rechne aus und ordne aus dem Schlüssel die richtigen Wörter/Silben zu. So erhältst du den Lösungssatz.

28,7 • 0,51
1435
287
14,637 → Ausrede

32,1 • 0,73 → ______

24,9 • 0,44 → ______

20,8 • 0,31 → ______

7,16 • 8,4 → ______

9,08 • 6,3 → ______

8,64 • 7,9 → ______

0,463 • 9,5 → ______

0,725 • 7,1 → ______

0,508 • 8,4 → ______

0,666 • 6,6 → ______

4,93 • 0,98 → ______

6,21 • 0,75 → ______

8,08 • 0,61 → ______

Schlüssel	
4,2672	nur
4,3956	zu
4,3985	hält
4,6575	zum
4,8314	faul
4,9288	Suchen
5,1475	ist
6,448	oten
10,956	Cha
14,637	Ausrede
23,433	des
57,204	Ord
60,144	Wer
68,256	nung

Lösungssatz:

Ausrede ______ ______–______: ______ ______–______

______, ______ ______ ______ ______ ______ ______.

GEHEIMSCHRIFT

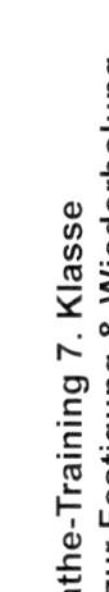

Mathe-Training 7. Klasse ... zur Festigung & Wiederholung – Bestell-Nr. 12 999

– LÖSUNG –

28,7 • 0,51
1435
287
14,637 → Ausrede

32,1 • 0,73
2247
963
23,433 → des

24,9 • 0,44
996
996
10,956 → Cha

20,8 • 0,31
624
208
6,448 → oten

7,16 • 8,4
5728
2864
60,144 → Wer

9,08 • 6,3
5448
2724
57,204 → Ord

8,64 • 7,9
6048
7776
68,256 → nung

0,463 • 9,5
4167
2315
4,3985 → hält

0,725 • 7,1
5075
725
5,1475 → ist

0,508 • 8,4
4064
2032
4,2672 → nur

0,666 • 6,6
3996
3996
4,3956 → zu

4,93 • 0,98
4437
3944
4,8314 → faul

6,21 • 0,75
4347
3105
4,6575 → zum

8,08 • 0,61
4848
808
4,9288 → Suchen

Lösungssatz:

Ausrede des Chaoten: Wer Ordnung hält, ist nur zu faul zum Suchen.

GEHEIMSCHRIFT

Mathe-Training 7. Klasse ... zur Festigung & Wiederholung – Bestell-Nr. 12 999

Dezimalzahlen multiplizieren

6**

*Rechne aus und ordne aus dem Schlüssel die richtigen Wörter/Silben zu.
So erhältst du den Lösungssatz.*

3,123 • 31,2
9369
3123
6246
97,4376 → Ich

31,23 • 31,2
→ ______

312,3 • 31,2
→ ______

0,3123 • 31,2
→ ______

0,7508 • 2,94
→ ______

750,8 • 29,4
→ ______

75,08 • 0,294
→ ______

4,009 • 25,6
→ ______

49,11 • 20,8
→ ______

42,05 • 31,4
→ ______

0,4508 • 29,5
→ ______

0,5080 • 4,06
→ ______

583,4 • 38,5
→ ______

52,05 • 0,444
→ ______

Schlüssel	
2,062480	spar
2,207352	ich
9,74376	faul
13,29860	gie
22,07352	te
23,11020	dus
97,4376	Ich
102,6304	nur
974,376	bin
1021,488	im
1320,370	Ener
9743,76	nicht
22.073,52	arbei
22.460,90	mo

GEHEIMSCHRIFT

Lösungssatz:

Ich ______ ______ ______, ______ ______–______

______ ______ ______–______–______–______–______.

– LÖSUNG –

3,123 • 31,2
9369
3123
6246
97,4376 → Ich

31,23 • 31,2
9369
3123
6246
974,376 → bin

312,3 • 31,2
9369
3123
6246
9743,76 → nicht

0,3123 • 31,2
9369
3123
6246
9,74376 → faul

0,7508 • 2,94
15016
67572
30032
2,207352 → ich

750,8 • 29,4
15016
67572
30032
22.073,52 → arbei

75,08 • 0,294
15016
67572
30032
22,07352 → te

4,009 • 25,6
8018
20045
24054
102,6304 → nur

49,11 • 20,8
9822
0
39288
1021,488 → im

42,05 • 31,4
12615
4205
16820
1320,370 → Ener

0,4508 • 29,5
9016
40572
22540
13,29860 → gie

0,5080 • 4,06
20320
0
30480
2,062480 → spar

583,4 • 38,5
17502
46672
29170
22.460,90 → mo

52,05 • 0,444
20820
20820
20820
23,11020 → dus

Lösungssatz:

Ich bin nicht faul, ich arbeite nur im Energiesparmodus.

GEHEIMSCHRIFT

KOHL VERLAG Mathe-Training 7. Klasse ... zur Festigung & Wiederholung – Bestell-Nr. 12 999

Division von Dezimalzahlen

Rechne aus und verbinde die Punkte bei den Ergebnissen in der Reihenfolge der Aufgaben.

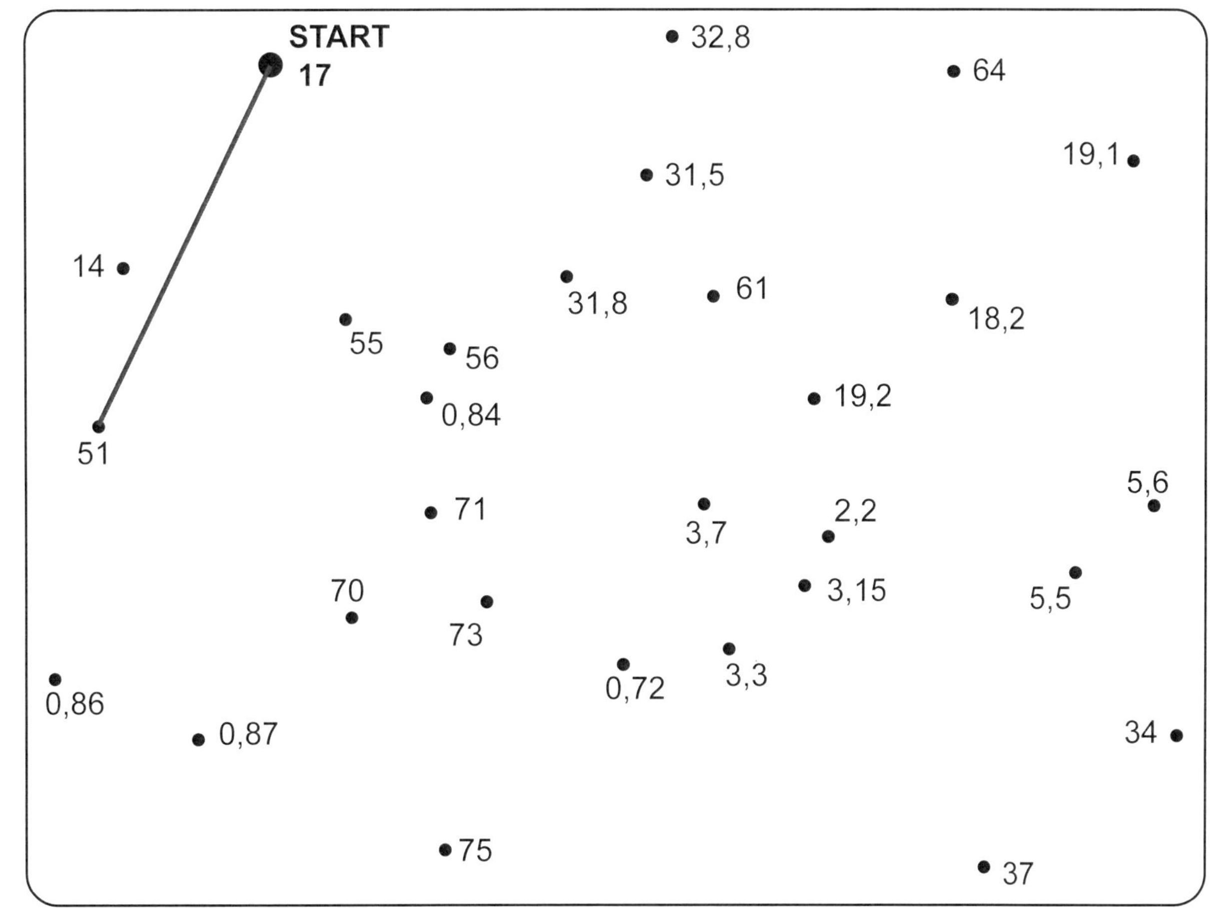

START 13,6 : 0,8 = 17

39,2 : 0,7 = ____

9,54 : 0,3 = ____

5,49 : 0,09 = ____

76,8 : 4 = ____

1,54 : 0,7 = ____

1,68 : 0,3 = ____

2,59 : 0,07 = ____

0,945 : 0,3 = ____

16,5 : 5 = ____

0,432 : 0,6 = ____

58,4 : 0,8 = ____

6,39 : 0,09 = ____

0,336 : 0,4 = ____

4,08 : 0,08 = ____ **ENDE**

BILD AUS PUNKTEN

KOHL VERLAG Mathe-Training 7. Klasse ... zur Festigung & Wiederholung – Bestell-Nr. 12 999

– LÖSUNG –

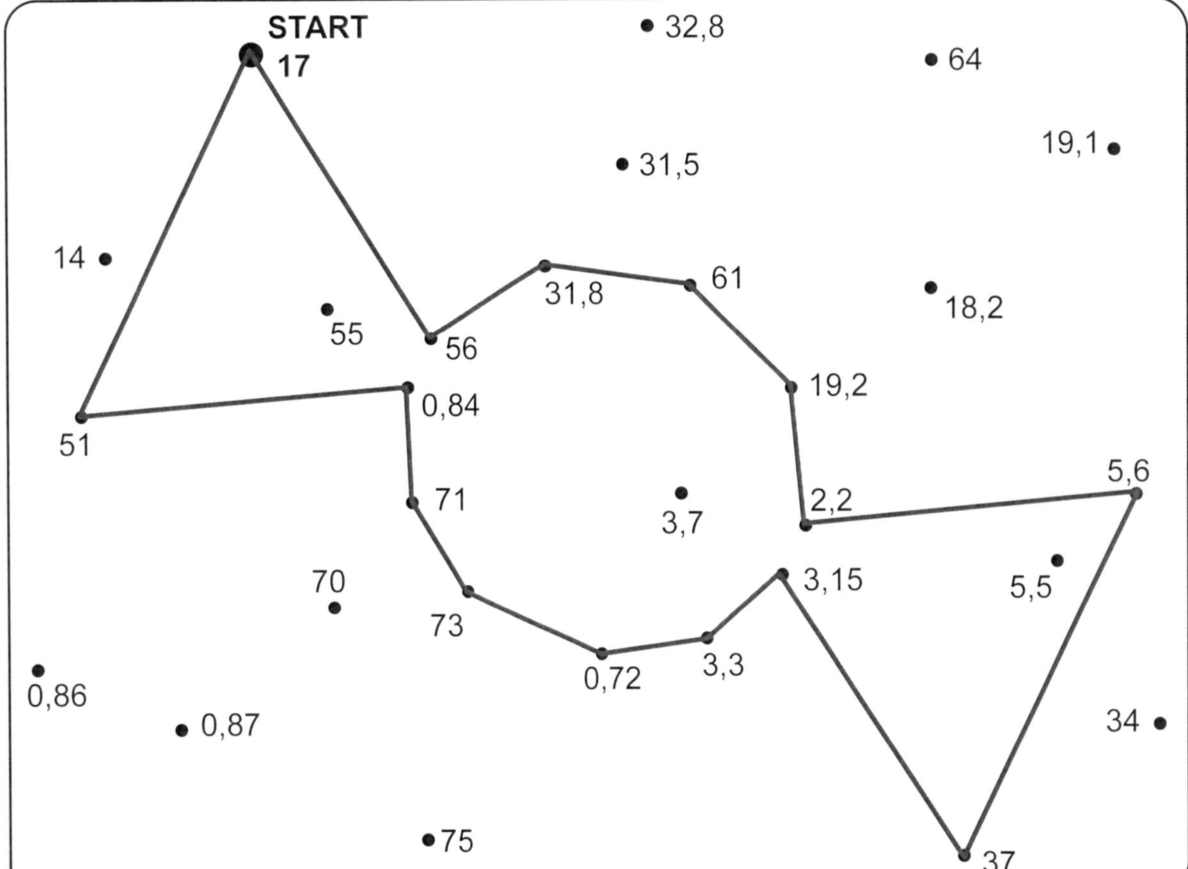

START 13,6 **:** 0,8 = 17

39,2 **:** 0,7 = 56

9,54 **:** 0,3 = 31,8

5,49 **:** 0,09 = 61

76,8 **:** 4 = 19,2

1,54 **:** 0,7 = 2,2

1,68 **:** 0,3 = 5,6

2,59 **:** 0,07 = 37

0,945 **:** 0,3 = 3,15

16,5 **:** 5 = 3,3

0,432 **:** 0,6 = 0,72

58,4 **:** 0,8 = 73

6,39 **:** 0,09 = 71

0,336 **:** 0,4 = 0,84

4,08 **:** 0,08 = 51 **ENDE**

Mathe-Training 7. Klasse ... zur Festigung & Wiederholung – Bestell-Nr. 12 999

Division von Dezimalzahlen

8*

Rechne aus und verbinde die Punkte bei den Ergebnissen in der Reihenfolge der Aufgaben.

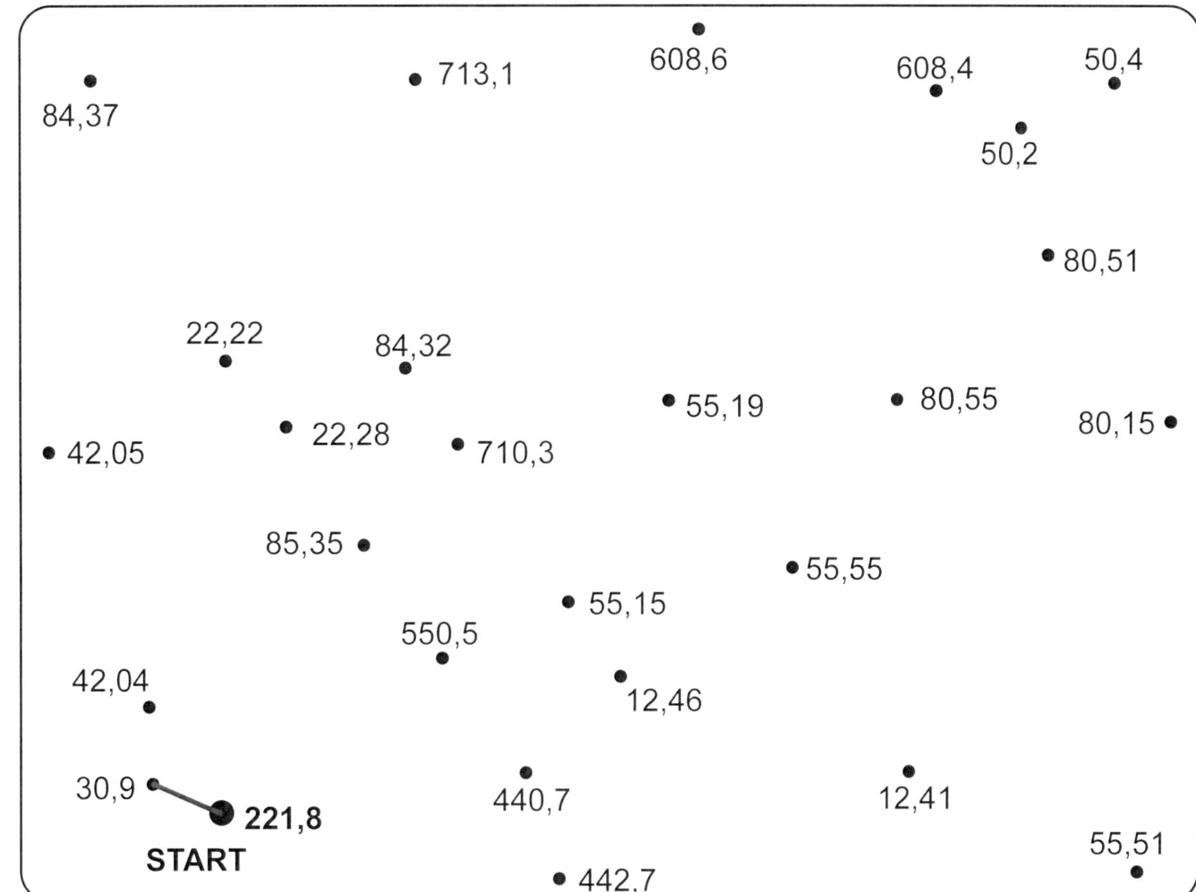

START

1. 110,9 **:** 0,5 = **221,8**
2. 385,35 **:** 0,7 = ______
3. 176,28 **:** 0,4 = ______
4. 0,2492 **:** 0,02 = ______
5. 1,6545 **:** 0,03 = ______
6. 16,102 **:** 0,2 = ______
7. 40,32 **:** 0,8 = ______
8. 486,72 **:** 0,8 = ______
9. 639,27 **:** 0,9 = ______
10. 3,3728 **:** 0,04 = ______
11. 1,5596 **:** 0,07 = ______
12. 4,2675 **:** 0,05 = ______
13. 25,224 **:** 0,6 = ______
14. 21,63 **:** 0,7 = ______

ENDE

BILD AUS PUNKTEN

KOHL VERLAG Mathe-Training 7. Klasse ... zur Festigung & Wiederholung – Bestell-Nr. 12 999

– LÖSUNG –

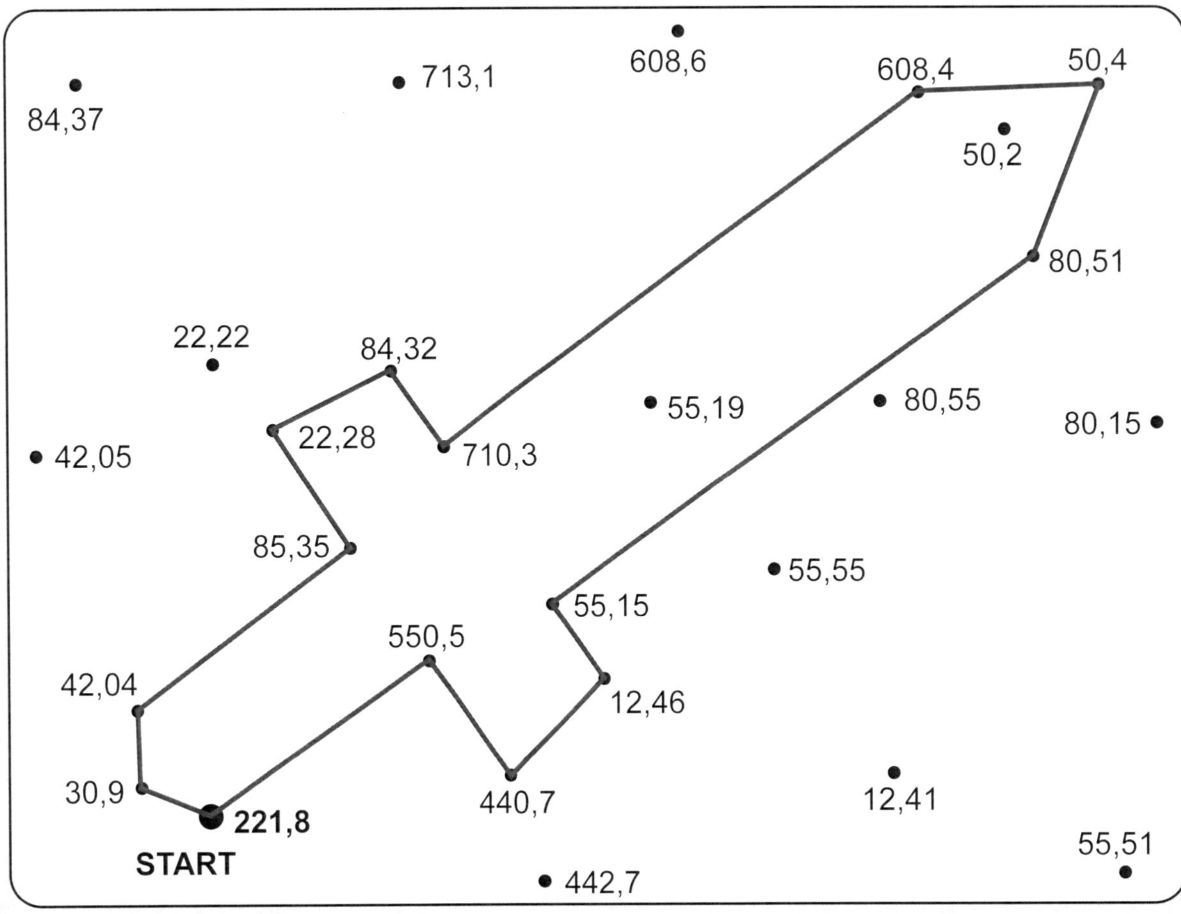

START

1.	110,9 **:** 0,5 = <u>221,8</u>		8.	486,72 **:** 0,8 = <u>608,4</u>
2.	385,35 **:** 0,7 = <u>550,5</u>		9.	639,27 **:** 0,9 = <u>710,3</u>
3.	176,28 **:** 0,4 = <u>440,7</u>		10.	3,3728 **:** 0,04 = <u>84,32</u>
4.	0,2492 **:** 0,02 = <u>12,46</u>		11.	1,5596 **:** 0,07 = <u>22,28</u>
5.	1,6545 **:** 0,03 = <u>55,15</u>		12.	4,2675 **:** 0,05 = <u>85,35</u>
6.	16,102 **:** 0,2 = <u>80,51</u>		13.	25,224 **:** 0,6 = <u>42,04</u>
7.	40,32 **:** 0,8 = <u>50,4</u>		14.	21,63 **:** 0,7 = <u>30,9</u>

ENDE

BILD AUS PUNKTEN

Mathe-Training 7. Klasse ... zur Festigung & Wiederholung – Bestell-Nr. 12 999

Division von Dezimalzahlen

9**

Rechne aus und verbinde die Punkte bei den Ergebnissen in der Reihenfolge der Aufgaben.

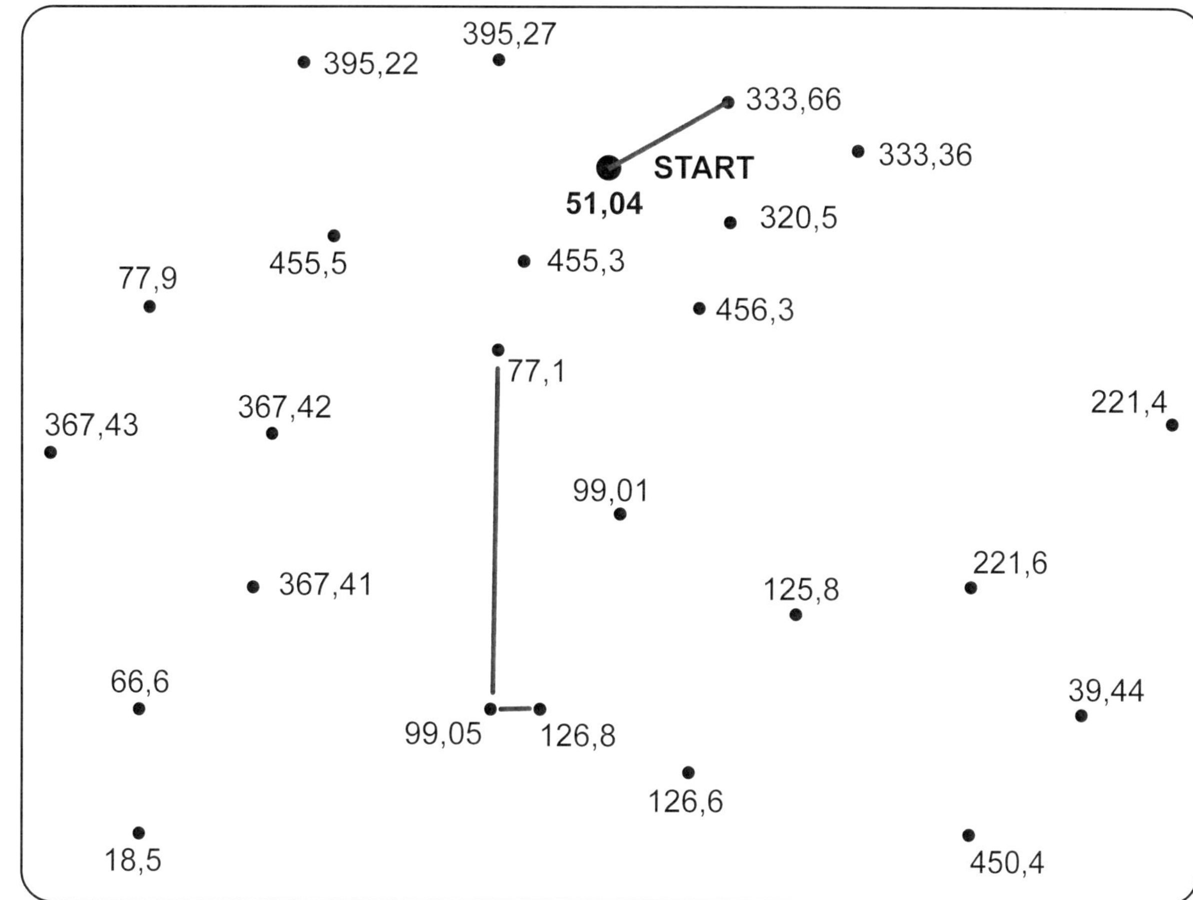

START

1. 56,144 : 1,1 = **51,04**
2. 384,6 : 1,2 = ______
3. 637,42 : 1,4 = ______
4. 288,08 : 1,3 = ______
5. 215,56 : 1,7 = ______
6. 7,4936 : 0,19 = ______
7. 58,552 : 0,13 = ______
8. 27,75 : 1,5 = ______
9. 12,654 : 0,19 = ______
10. 17,829 : 0,18 = ______
11. 58,7856 : 0,16 = ______
12. 10,794 : 0,14 = ______
13. 63,2432 : 0,16 = ______
14. 567,222 : 1,7 = ______

ENDE

BILD AUS PUNKTEN

Mathe-Training 7. Klasse ... zur Festigung & Wiederholung – Bestell-Nr. 12 999
KOHL VERLAG

– LÖSUNG –

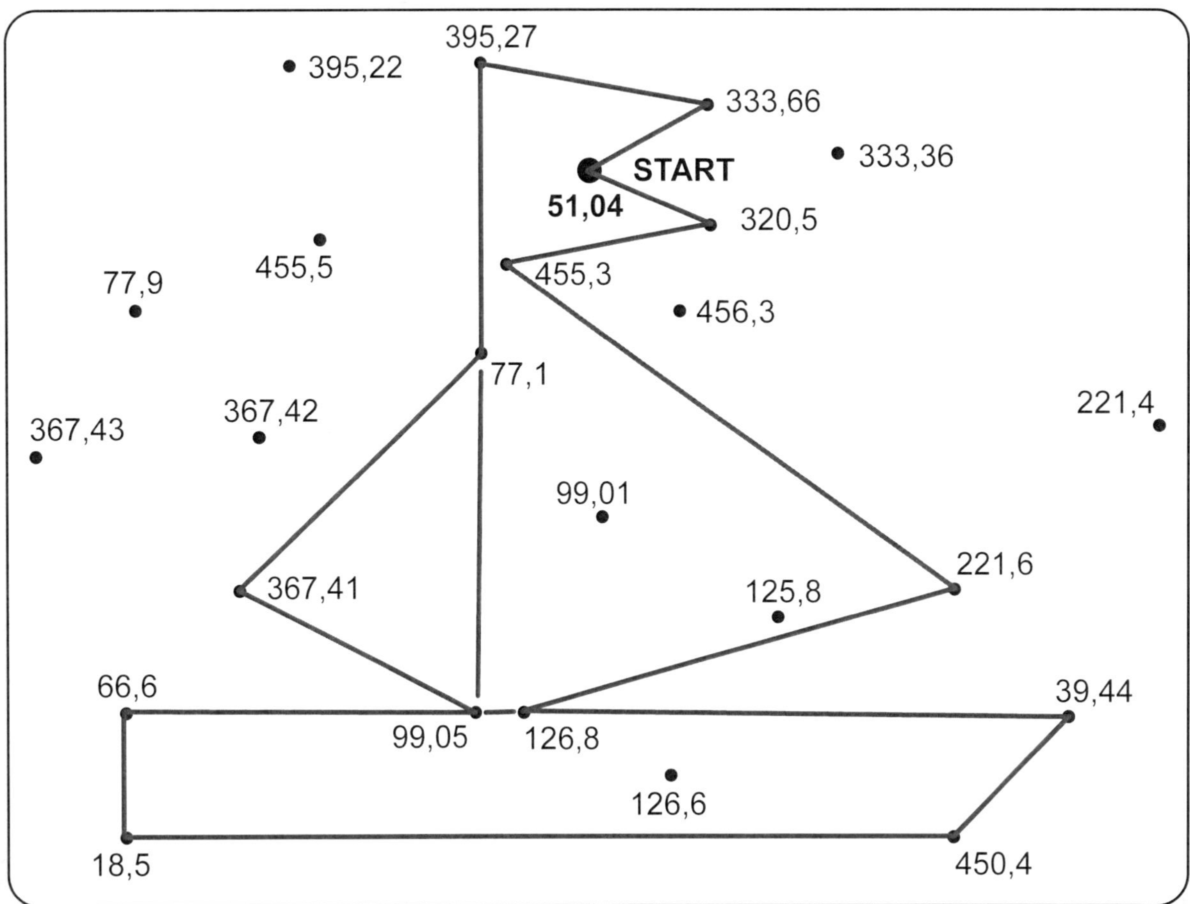

START

1.	56,144 : 1,1 = 51,04		8.	27,75 : 1,5 = 18,5
2.	384,6 : 1,2 = 320,5		9.	12,654 : 0,19 = 66,6
3.	637,42 : 1,4 = 455,3		10.	17,829 : 0,18 = 99,05
4.	288,08 : 1,3 = 221,6		11.	58,7856 : 0,16 = 367,41
5.	215,56 : 1,7 = 126,8		12.	10,794 : 0,14 = 77,1
6.	7,4936 : 0,19 = 39,44		13.	63,2432 : 0,16 = 395,27
7.	58,552 : 0,13 = 450,4		14.	567,222 : 1,7 = 333,66

ENDE

BILD AUS PUNKTEN

KOHL VERLAG Mathe-Training 7. Klasse ... zur Festigung & Wiederholung – Bestell-Nr. 12 999

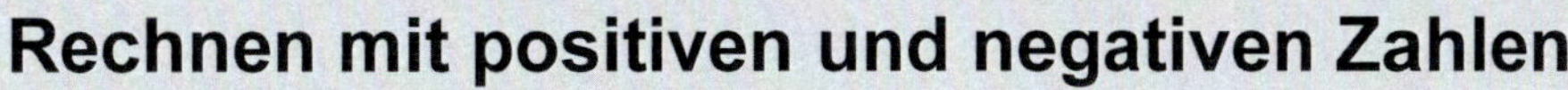

Rechnen mit positiven und negativen Zahlen

10

Schneide aus und rechne. Lege das Teil mit dem passenden Ergebnis immer rechts an. Dort steht die nächste Aufgabe.

= (− 1,7)	(− 3,5) + 5	8,3 − 10	4,5 − 7	2,1 − 3	= 0,9	3 − 2,1	= (− 2,5)	= (− 0,9)
0,6 • (− 5)	= 3	= (− 30)	**START**	= (− 3)	(− 0,6) • (− 5)	= 30	6 • (− 5)	(− 6) • (− 5)

(− 4,5) + 7	(− 5) + 3,5	= 1,7	(− 8,3) + 10	6 − 8,1	= 1,5	= 2,5	= (− 2,1)	= (− 1,5)
= (− 2,4)	= 6	(− 0,3) • 8	= (− 6)	= (− 0,3)	30 : 5	(− 2,4) : 8	**ENDE**	(− 30) : 5

DOMINO

Mathe-Training 7. Klasse ... zur Festigung & Wiederholung – Bestell-Nr. 12 999
KOHL VERLAG

– LÖSUNG –

4,5 – 7	= (– 2,5)	8,3 – 10	= (– 1,7)	2,1 – 3	= (– 0,9)	3 – 2,1	= 0,9	(– 3,5) + 5
START	6 • (– 5)	= (– 30)	0,6 • (– 5)	= (– 3)	(– 6) • (– 5)	= 30	(– 0,6) • (– 5)	= 3
= 1,5	(– 5) + 3,5	= (– 1,5)	(– 8,3) + 10	= 1,7	(– 4,5) +7	= 2,5	6 – 8,1	= (– 2,1)
30 : 5	= 6	(– 30) : 5	= (– 6)	(– 0,3) • 8	= (– 2,4)	(– 2,4) : 8	= (– 0,3)	**ENDE**

DOMINO

Rechnen mit positiven und negativen Zahlen

11*

Schneide aus und rechne. Lege das Teil mit dem passenden Ergebnis immer rechts an. Dort steht die nächste Aufgabe.

$(-6{,}8) + 9{,}2$	$= 0{,}66$
$6{,}8 - 9{,}2$	$= (-0{,}28)$
$(-3{,}5) + 5{,}5$	$= (-0{,}66)$
$3{,}5 - 5{,}5$	**START**
$= (-2{,}4)$	$(-0{,}4) \cdot (-0{,}7)$
$(-3{,}5) + (-5{,}5)$	$= 0{,}28$
$= 2$	$(-1{,}1) \cdot (-0{,}6)$
$= (-2)$	$(-0{,}4) \cdot 0{,}7$
$= (-9)$	$1{,}1 \cdot (-0{,}6)$

$(-2{,}3) + 4{,}6$	$= 0{,}7$
$(-2{,}3) + (-4{,}3)$	$= (-9)$
$2{,}3 - 4{,}6$	$= (-7)$
$= (-6{,}6)$	**ENDE**
$(-6{,}8) + (-9{,}2)$	$= (-8{,}4)$
$= 2{,}3$	$(-8{,}1) : 0{,}9$
$= (-16)$	$(-8{,}4) : 1{,}2$
$= (-2{,}3)$	$0{,}84 : 1{,}2$
$= 2{,}4$	$(-7) \cdot 1{,}2$

DOMINO

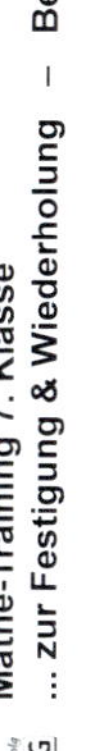

Mathe-Training 7. Klasse ... zur Festigung & Wiederholung – Bestell-Nr. 12 999

– LÖSUNG –

3,5 - 5,5	= (– 2)	6,8 – 9,2	= (– 2,4)	(– 3,5) + (– 5,5)	= (– 9)	(– 3,5) + 5,5	= 2	(– 6,8) + 9,2
START	(– 0,4) • 0,7	= (– 0,28)	(– 0,4) • (– 0,7)	= 0,28	1,1 • (– 0,6)	= (– 0,66)	(– 1,1) • (– 0,6)	= 0,66

= 2,4	(– 6,8) + (– 9,2)	= (– 16)	2,3 – 4,6	= (– 2,3)	(– 2,3) + 4,6	= 2,3	(– 2,3) + (– 4,3)	= (– 6,6)
(– 7) • 1,2	= (– 8,4)	(– 8,4) : 1,2	= (– 7)	0,84 : 1,2	= 0,7	(– 8,1) : 0,9	= (– 9)	**ENDE**

DOMINO

Rechnen mit positiven und negativen Zahlen

12**

Schneide aus und rechne. Lege das Teil mit dem passenden Ergebnis immer rechts an. Dort steht die nächste Aufgabe.

DOMINO

KOHL VERLAG
Mathe-Training 7. Klasse ... zur Festigung & Wiederholung – Bestell-Nr. 12 999

– LÖSUNG –

(– 4,8) : 6 + 3,1	= 2,3	4,8 : 6 + (– 3,1)	= (– 2,3)	(– 4,8) : 6 + (– 3,1)	= (– 3,9)	1,1 • 0,5 – (– 0,2)	= 0,75	(– 1,1) • (– 0,5) – 0,2
START	(– 7,8) – (– 1,5) + 3,1	= (– 3,2)	7,8 + (– 1,5) – 3,1	= 3,2	(– 7,8) + (– 1,5) + (– 3,1)	= (– 12,4)	7,8 + 1,5 – (– 3,1)	= 12,4

= 0,35	1,1 • (– 0,5) – 0,2	= (– 0,75)	(– 1,1) • 0,5 + 0,2	= (– 0,35)	(– 1,5) : 0,3 + 2,5	= (– 2,5)	(– 1,5) : 0,3 + (– 2,5)	= (– 7,5)
(– 0,8) • 5 : 0,2	= (– 20)	(– 0,8) • (– 5) : 0,2	= 20	0,8 • (– 0,5) : 0,2	= (– 2)	(– 0,8) • 0,5 : (– 0,2)	= 2	**ENDE**

DOMINO

Mathe-Training 7. Klasse
... zur Festigung & Wiederholung – Bestell-Nr. 12 999

Rechnen mit dem Taschenrechner

Rechne aus und male alle Felder mit den Ergebnissen mit einer Farbe an.

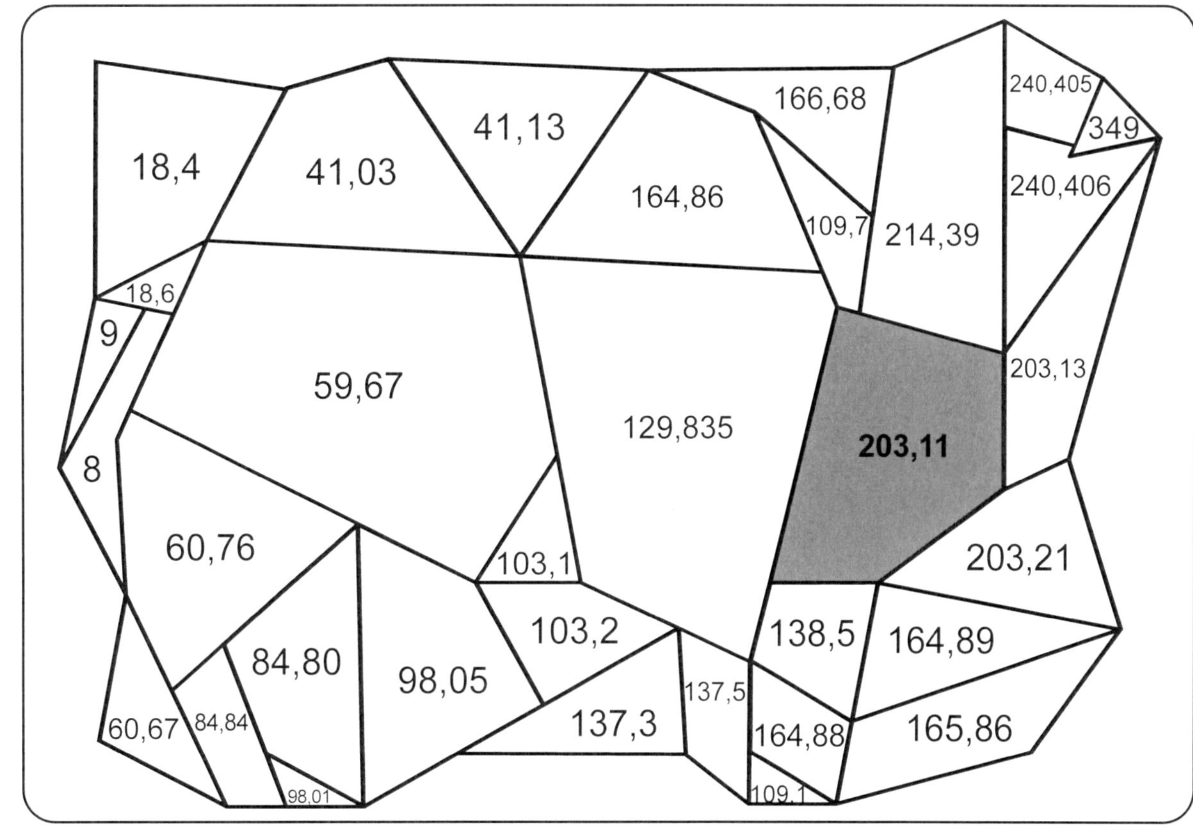

(244,35 – 137,45) • 1,9	=	**203,11**
4,3 • 17,25 + 55,66	=	
944,009 + 122,8 – 1006,049	=	
(4132,06 – 4118,8) • 4,5	=	
1354,968 **:** 83,64 • 6,05	=	
477,42 – 3,9 – 308,66	=	
(38,176 + 45.571,808) **:** 537,6	=	
3,89 • 443,91 – 1512,4199	=	
590,5872 **:** 635,04 • 258,5	=	
5013,141 **:** 14,07 – 218,8	=	
(9194,5 – 8932,75) **:** 0,75	=	
859,34 • 0,86 – 698,0024	=	
(999,9 – 99,99) **:** 99,99	=	
328,5 • 0,332 + 0,038	=	
(51,4208 – 11,561) **:** 2,143	=	
135,5298 **:** 3,66 + 66,07	=	

AUSMALEN

KOHL VERLAG Mathe-Training 7. Klasse ... zur Festigung & Wiederholung – Bestell-Nr. 12 999

– LÖSUNG –

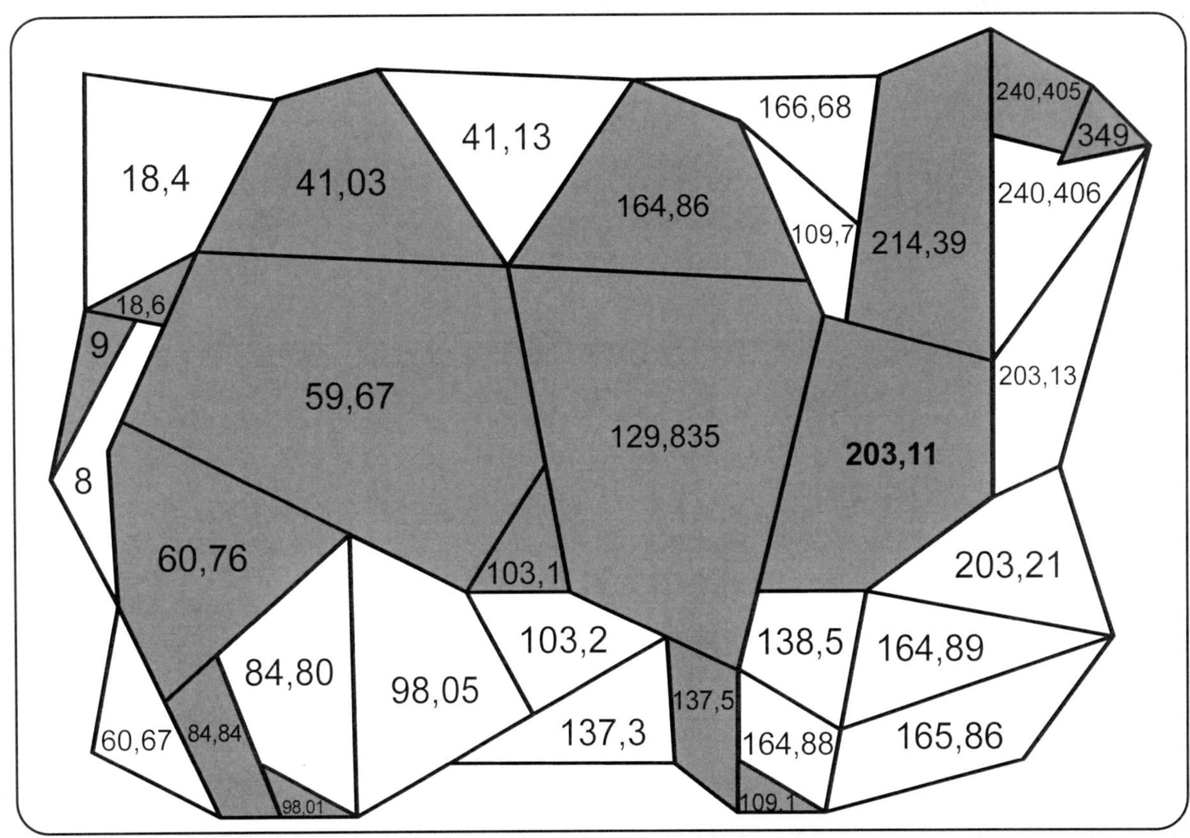

(244,35 – 137,45) • 1,9	=	203,11
4,3 • 17,25 + 55,66	=	129,835
944,009 + 122,8 – 1006,049	=	60,76
(4132,06 – 4118,8) • 4,5	=	59,67
1354,968 : 83,64 • 6,05	=	98,01
477,42 – 3,9 – 308,66	=	164,86
(38,176 + 45.571,808) : 537,6	=	84,84
3,89 • 443,91 – 1512,4199	=	214,39
590,5872 : 635,04 • 258,5	=	240,405
5013,141 : 14,07 – 218,8	=	137,5
(9194,5 – 8932,75) : 0,75	=	349
859,34 • 0,86 – 698,0024	=	41,03
(999,9 – 99,99) : 99,99	=	9
328,5 • 0,332 + 0,038	=	109,1
(51,4208 – 11,561) : 2,143	=	18,6
135,5298 : 3,66 + 66,07	=	103,1

AUSMALEN

KOHL VERLAG Mathe-Training 7. Klasse ... zur Festigung & Wiederholung – Bestell-Nr. 12 999

Rechnen mit dem Taschenrechner

14*

Rechne aus und male alle Felder mit den Ergebnissen mit einer Farbe an.

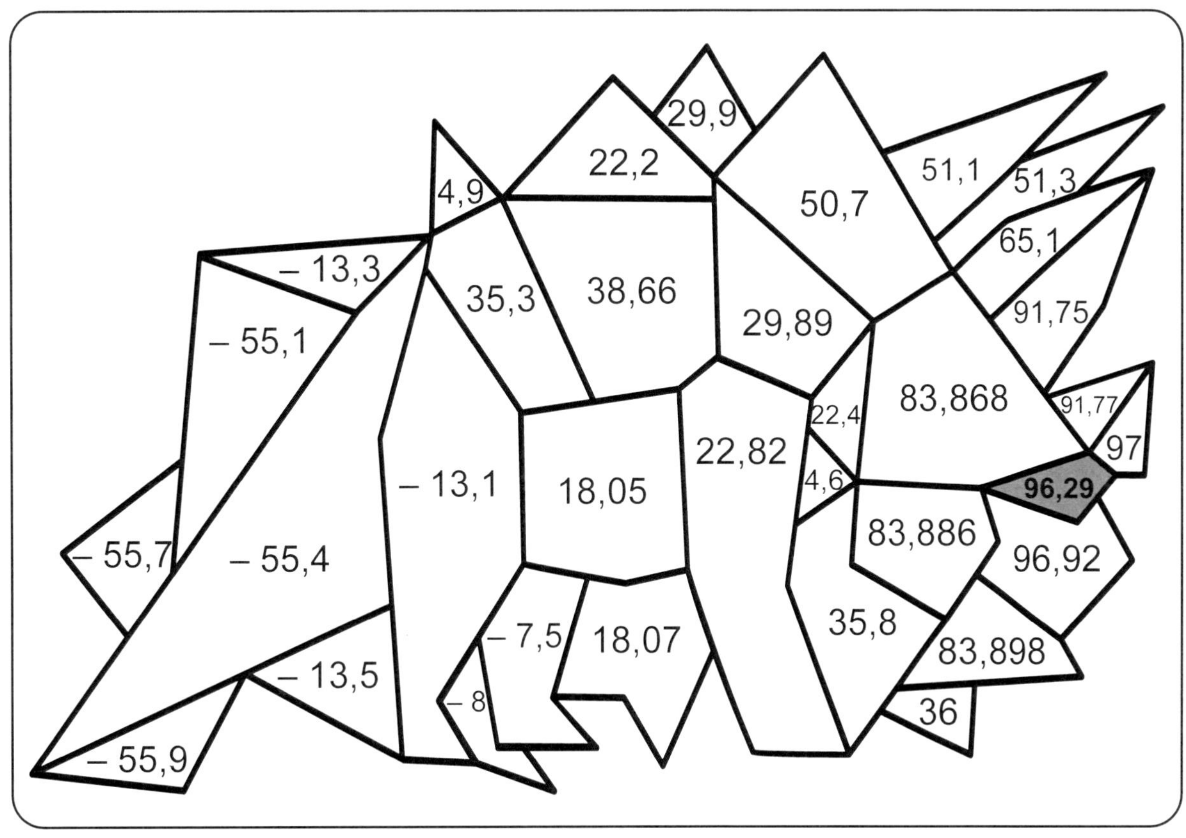

55,29 + 16,4 • 2,5	=	**96,29**
(818,6 + 325,77) **:** 63,4	=	
571,86 **:** (895,4 – 879,2)	=	
(125,3 – 143,9) • (188,6 – 192,1)	=	
0,4 • (432,08 – 375,03)	=	
109,615 – 24,3 • 5,05	=	
(2918,82 + 1350,44) **:** (256,7 + 671,4)	=	
126,75 **:** (603,5 – 620,4)	=	
66,69 – 114,923 **:** 4,1	=	
(46,23 – 39) • (411,4 – 399,8)	=	
(22,03 – 17,413) **:** (314,5 – 314,41)	=	
335,017 – 376,7 • 0,81	=	
(722,81 – 674,65) **:** 2,15	=	
33,07 + 74,046 **:** 4,2	=	
(81,208 – 93,396) **:** 0,22	=	
(411,28 – 323,88) • 1,05	=	

AUSMALEN

KOHL VERLAG

– LÖSUNG –

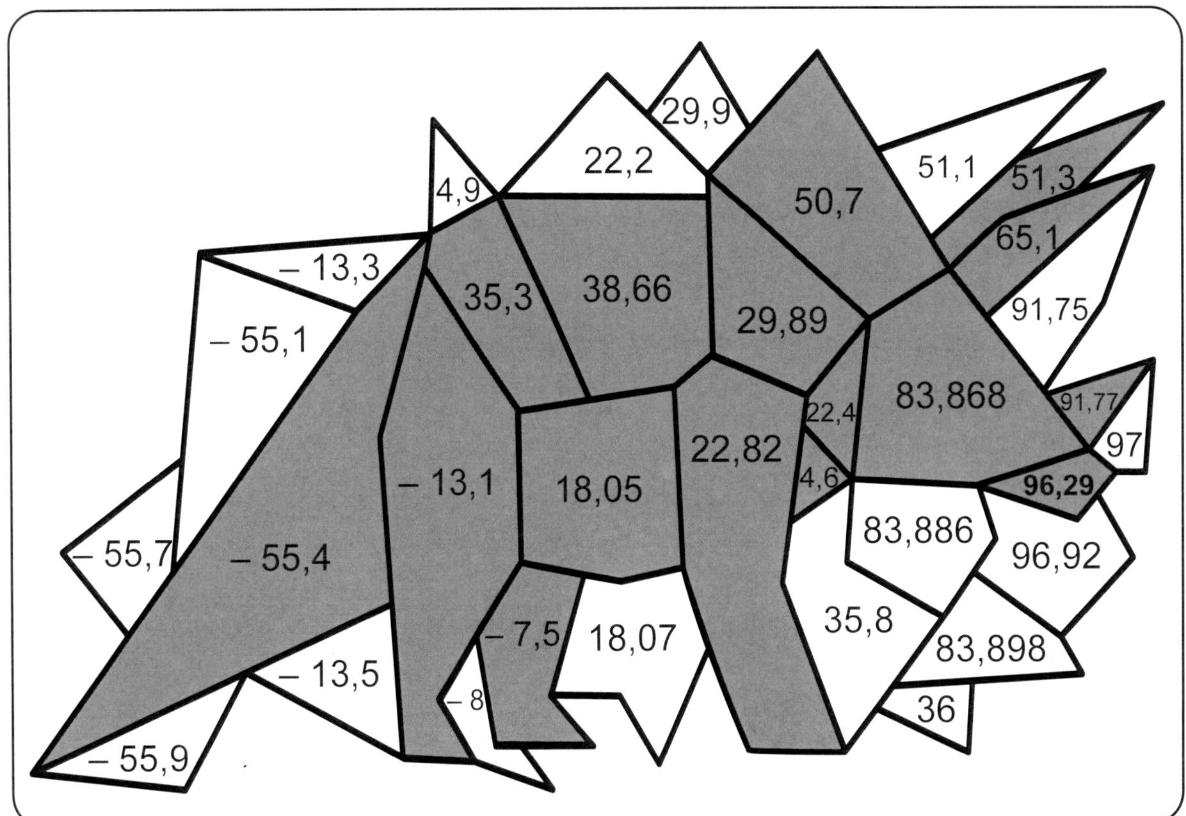

$55{,}29 + 16{,}4 \cdot 2{,}5 = 96{,}29$

$(818{,}6 + 325{,}77) : 63{,}4 = 18{,}05$

$571{,}86 : (895{,}4 - 879{,}2) = 35{,}3$

$(125{,}3 - 143{,}9) \cdot (188{,}6 - 192{,}1) = 65{,}1$

$0{,}4 \cdot (432{,}08 - 375{,}03) = 22{,}82$

$109{,}615 - 24{,}3 \cdot 5{,}05 = -13{,}1$

$(2918{,}82 + 1350{,}44) : (256{,}7 + 671{,}4) = 4{,}6$

$126{,}75 : (603{,}5 - 620{,}4) = -7{,}5$

$66{,}69 - 114{,}923 : 4{,}1 = 38{,}66$

$(46{,}23 - 39) \cdot (411{,}4 - 399{,}8) = 83{,}868$

$(22{,}03 - 17{,}413) : (314{,}5 - 314{,}41) = 51{,}3$

$335{,}017 - 376{,}7 \cdot 0{,}81 = 29{,}89$

$(722{,}81 - 674{,}65) : 2{,}15 = 22{,}4$

$33{,}07 + 74{,}046 : 4{,}2 = 50{,}7$

$(81{,}208 - 93{,}396) : 0{,}22 = -55{,}4$

$(411{,}28 - 323{,}88) \cdot 1{,}05 = 91{,}77$

AUSMALEN

Rechnen mit dem Taschenrechner

Rechne aus und male alle Felder mit den Ergebnissen mit einer Farbe an.

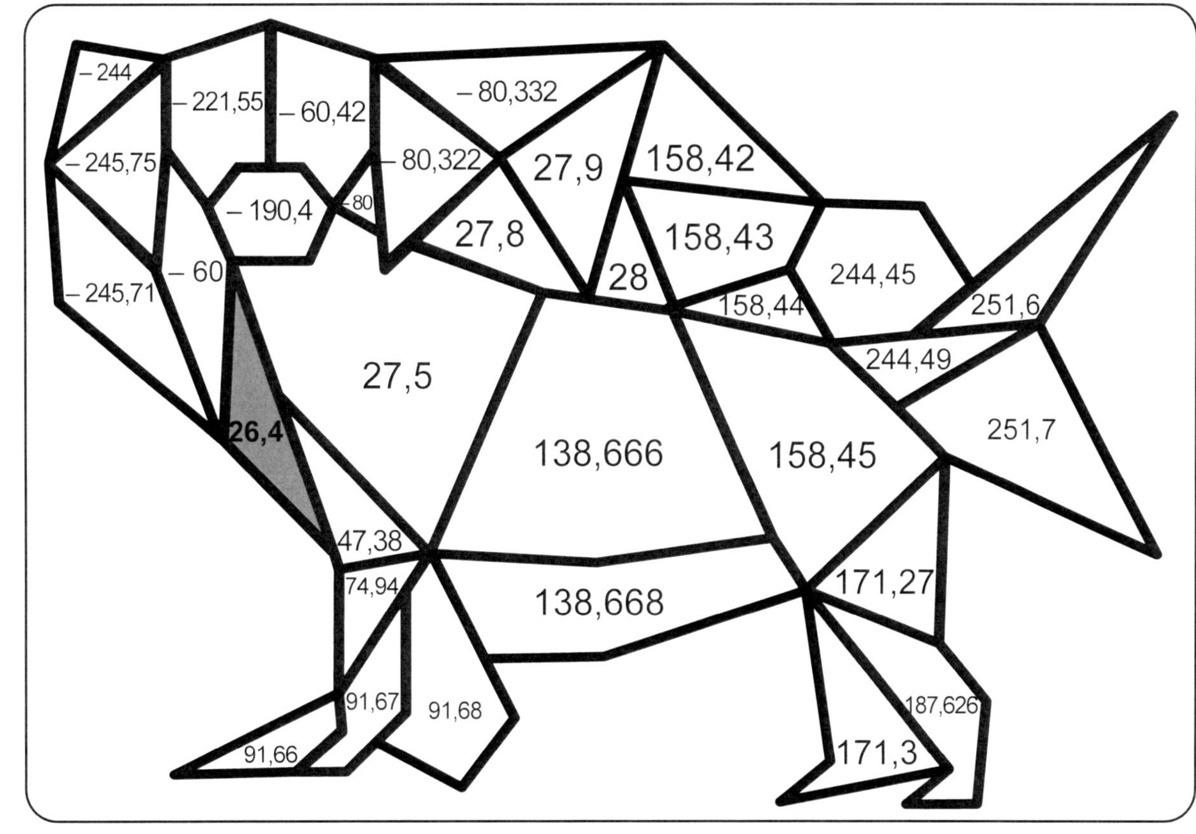

(2402,734 + 8562,506) : 415,35 = **26,4**

50.155,06 – 811,5 • 62,04 =

582,49 + 755,6 • 18,5 – 14.316,6 =

(28,85 + 387,2) • 34,4 – 14.533,67 =

(8333,4 + 96.847,98) : (816,3 – 398,25) =

1217,66 – 28,5 • 66,4 + 428,99 =

658,57 + 1890,245 : 26,5 – 571,45 =

(505,6 + 34215,9) : (1521,25 – 258,65) =

27.008,7 – 308,18 • 87,9 =

(8612,35 + 428,6) • 0,4 – 3541,44 =

215,1 – 116,8 – 97.303,296 : 613,05 =

11,12 • 23,8 – 62.594,578 : 812,6 =

555,42 + 21,92 – 27,4 • 16,01 =

6322,45 – 55,42 • 36,8 – 4111,724 =

22,7 • 13,08 • 4,2 – 1199,6672 =

196,1 + 22.354,661 : 826,42 – 131,48 =

AUSMALEN

KOHL VERLAG Mathe-Training 7. Klasse … zur Festigung & Wiederholung – Bestell-Nr. 12 999

– LÖSUNG –

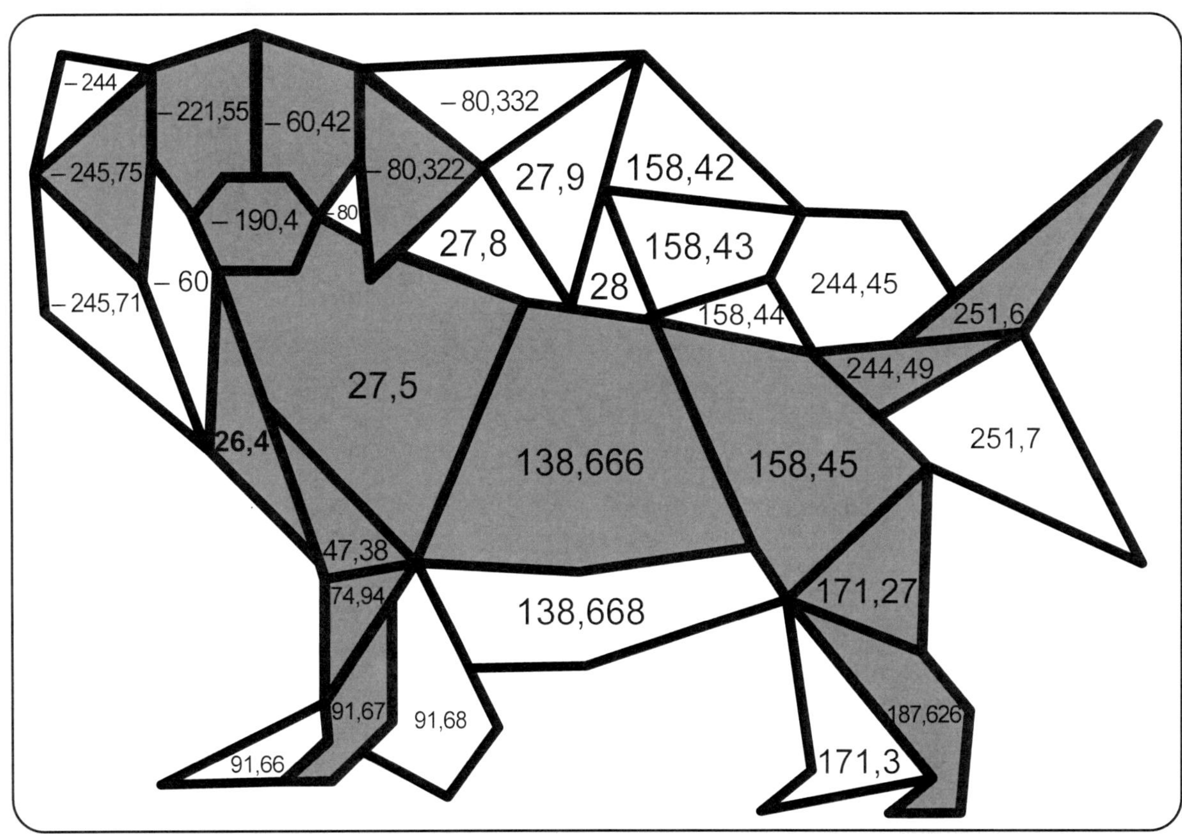

$(2402{,}734 + 8562{,}506) : 415{,}35 = 26{,}4$

$50.155{,}06 - 811{,}5 \cdot 62{,}04 = -190{,}4$

$582{,}49 + 755{,}6 \cdot 18{,}5 - 14.316{,}6 = 244{,}49$

$(28{,}85 + 387{,}2) \cdot 34{,}4 - 14.533{,}67 = -221{,}55$

$(8333{,}4 + 96.847{,}98) : (816{,}3 - 398{,}25) = 251{,}6$

$1217{,}66 - 28{,}5 \cdot 66{,}4 + 428{,}99 = -245{,}75$

$658{,}57 + 1890{,}245 : 26{,}5 - 571{,}45 = 158{,}45$

$(505{,}6 + 34.215{,}9) : (1521{,}25 - 258{,}65) = 27{,}5$

$27.008{,}7 - 308{,}18 \cdot 87{,}9 = -80{,}322$

$(8612{,}35 + 428{,}6) \cdot 0{,}4 - 3541{,}44 = 74{,}94$

$215{,}1 - 116{,}8 - 97.303{,}296 : 613{,}05 = -60{,}42$

$11{,}12 \cdot 23{,}8 - 62.594{,}578 : 812{,}6 = 187{,}626$

$555{,}42 + 21{,}92 - 27{,}4 \cdot 16{,}01 = 138{,}666$

$6322{,}45 - 55{,}42 \cdot 36{,}8 - 4111{,}724 = 171{,}27$

$22{,}7 \cdot 13{,}08 \cdot 4{,}2 - 1199{,}6672 = 47{,}38$

$196{,}1 + 22.354{,}661 : 826{,}42 - 131{,}48 = 91{,}67$

AUSMALEN

KOHL VERLAG Mathe-Training 7. Klasse ... zur Festigung & Wiederholung – Bestell-Nr. 12 999

Prozentwert (W) berechnen

Rechne aus und ordne aus dem Schlüssel die richtigen Wörter zu. So erhältst du den Lösungssatz.

$$W = \frac{p \cdot G}{100}$$

Aufgabe	Ergebnis		Wort
80 % von 400 € =	**320 €**	→	Geld
8 % von 400 € =		→	
4 % von 700 € =		→	
40 % von 700 € =		→	
60 % von 50 € =		→	
6 % von 50 € =		→	
50 % von 80 € =		→	
50 % von 8 € =		→	
20 % von 10 € =		→	
10 % von 10 € =		→	
30 % von 60 € =		→	
30 % von 600 € =		→	
7 % von 500 € =		→	
80 % von 20 € =		→	
7 % von 200 € =		→	
5 % von 200 € =		→	
70 % von 30 € =		→	
3 % von 300 € =		→	

Schlüssel	
1 €	in
2 €	schöner
3 €	Aber
4 €	ist
9 €	Straßenbahn
10 €	in
14 €	als
16 €	weinen
18 €	einem
21 €	einer
28 €	macht
30 €	glücklich
32 €	allein
35 €	zu
40 €	es
180 €	Porsche
280 €	nicht
320 €	Geld

Lösungssatz:

Geld ______ ______ ______ ______________ .

______ ______ ______ ______________ , ______ ______________ ______________

______ ______________ ______ ______ ______________ ______________ .

GEHEIMSCHRIFT

Mathe-Training 7. Klasse ... zur Festigung & Wiederholung – Bestell-Nr. 12 999
KOHL VERLAG

– LÖSUNG –

80 %	von	400 € =	320 €	→	Geld
8 %	von	400 € =	32 €	→	allein
4 %	von	700 € =	28 €	→	macht
40 %	von	700 € =	280 €	→	nicht
60 %	von	50 € =	30 €	→	glücklich
6 %	von	50 € =	3 €	→	Aber
50 %	von	80 € =	40 €	→	es
50 %	von	8 € =	4 €	→	ist
20 %	von	10 € =	2 €	→	schöner
10 %	von	10 € =	1 €	→	in
30 %	von	60 € =	18 €	→	einem
30 %	von	600 € =	180 €	→	Porsche
7 %	von	500 € =	35 €	→	zu
80 %	von	20 € =	16 €	→	weinen
7 %	von	200 € =	14 €	→	als
5 %	von	200 € =	10 €	→	in
70 %	von	30 € =	21 €	→	einer
3 %	von	300 € =	9 €	→	Straßenbahn

Lösungssatz:

Geld allein macht nicht glücklich. Aber es ist schöner, in einem Porsche zu weinen als in einer Straßenbahn.

GEHEIMSCHRIFT

KOHL VERLAG Mathe-Training 7. Klasse ... zur Festigung & Wiederholung – Bestell-Nr. 12 999

Prozentwert (W) berechnen

Rechne aus und ordne aus dem Schlüssel die richtigen Silben/Wörter zu. So erhältst du den Lösungssatz.

$$W = \frac{p \cdot G}{100}$$

Aufgabe	Ergebnis	Wort / Silbe
15 % von 700 =	**105**	Was
1,5 % von 700 =		
1,5 % von 70 =		
12 % von 90 =		
1,2 % von 90 =		
8 % von 120 =		
0,8 % von 120 =		
4 % von 15 =		
4 % von 1,5 =		
0,4 % von 1500 =		
11 % von 130 =		
1,1 % von 130 =		
1,1 % von 80 =		
15 % von 80 =		
15 % von 0,8 =		
4,1 % von 600 =		
60 % von 4,1 =		
4,8 % von 500 =		
50 % von 4,8 =		
50 % von 0,48 =		

Schlüssel	
0,06	leh
0,12	Er
0,24	chen
0,6	the
0,88	fah
0,96	Ma
1,05	der
1,08	sich
1,43	Ski
2,4	Brü
2,46	net
6	rer
9,6	tige
10,5	macht
10,8	vor
12	ren
14,3	beim
24	mit
24,6	rech
105	Was

Lösungssatz:

Was ________ ______ ______–______–________

______–______–______–______ ______ ______–______–______?

____ ______–______ ______ ______–______.

GEHEIMSCHRIFT

Mathe-Training 7. Klasse … zur Festigung & Wiederholung – Bestell-Nr. 12 999
KOHL VERLAG

– LÖSUNG –

Aufgabe	Ergebnis	Wort / Silbe
15 % von 700 =	105	Was
1,5 % von 700 =	10,5	macht
1,5 % von 70 =	1,05	der
12 % von 90 =	10,8	vor
1,2 % von 90 =	1,08	sich
8 % von 120 =	9,6	tige
0,8 % von 120 =	0,96	Ma
4 % von 15 =	0,6	the
4 % von 1,5 =	0,06	leh
0,4 % von 1500 =	6	rer
11 % von 130 =	14,3	beim
1,1 % von 130 =	1,43	Ski
1,1 % von 80 =	0,88	fah
15 % von 80 =	12	ren
15 % von 0,8 =	0,12	Er
4,1 % von 600 =	24,6	rech
60 % von 4,1 =	2,46	net
4,8 % von 500 =	24	mit
50 % von 4,8 =	2,4	Brü
50 % von 0,48 =	0,24	chen

Lösungssatz:

Was macht der vorsichtige Mathelehrer beim Skifahren?
Er rechnet mit Brüchen.

GEHEIMSCHRIFT

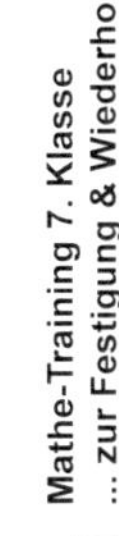

Mathe-Training 7. Klasse ... zur Festigung & Wiederholung – Bestell-Nr. 12 999

Prozentwert (W) berechnen

Rechne aus und ordne aus dem Schlüssel die richtigen Silben/Wörter zu. So erhältst du den Lösungssatz.

$$W = \frac{p \cdot G}{100}$$

Aufgabe	Ergebnis	Wort / Silbe
2,5 % von 244 =	**6,1**	Schul
2,5 % von 24,4 =		
2,5 % von 2,44 =		
4,8 % von 215 =		
4,8 % von 21,5 =		
4,8 % von 2,15 =		
35 % von 27,4 =		
3,5 % von 27,4 =		
0,35 % von 27,4 =		
33,6 % von 2,5 =		
336 % von 2,5 =		
3,36 % von 2,5 =		
27,5 % von 2,2 =		
275 % von 2,2 =		
2,75 % von 2,2 =		
4,8 % von 2,9 =		
4,9 % von 2,9 =		
5,1 % von 2,9 =		
9,9 % von 9,9 =		
0,9 % von 9,9 =		

Schlüssel	
10,32	Geld
9,59	hast
8,4	niger
6,1	Schul
6,05	du
1,032	das
0,9801	nichts
0,959	wenn
0,84	we
0,61	den
0,605	als
0,1479	gar
0,1421	du
0,1392	wenn
0,1032	du
0,0959	du
0,0891	hast
0,084	hast
0,061	sind
0,0605	hättest

Lösungssatz:

Schul-______ ______ ______, ______ ______ ______,
______ ______ ______-______ ______, ______ ______
______-______, ______ ______ ______ ______ ______.

GEHEIMSCHRIFT

Mathe-Training 7. Klasse ... zur Festigung & Wiederholung – Bestell-Nr. 12 999
KOHL VERLAG

– LÖSUNG –

Aufgabe	Ergebnis	Wort / Silbe
2,5 % von 244 =	6,1	Schul
2,5 % von 24,4 =	0,61	den
2,5 % von 2,44 =	0,061	sind
4,8 % von 215 =	10,32	Geld
4,8 % von 21,5 =	1,032	das
4,8 % von 2,15 =	0,1032	du
35 % von 27,4 =	9,59	hast
3,5 % von 27,4 =	0,959	wenn
0,35 % von 27,4 =	0,0959	du
33,6 % von 2,5 =	0,84	we
336 % von 2,5 =	8,4	niger
3,36 % von 2,5 =	0,084	hast
27,5 % von 2,2 =	0,605	als
275 % von 2,2 =	6,05	du
2,75 % von 2,2 =	0,0605	hättest
4,8 % von 2,9 =	0,1392	wenn
4,9 % von 2,9 =	0,1421	du
5,1 % von 2,9 =	0,1479	gar
9,9 % von 9,9 =	0,9801	nichts
0,9 % von 9,9 =	0,0891	hast

Lösungssatz:

Schulden sind Geld, das du hast, wenn du weniger hast, als du hättest, wenn du gar nichts hast.

GEHEIMSCHRIFT

KOHL VERLAG Mathe-Training 7. Klasse ... zur Festigung & Wiederholung – Bestell-Nr. 12 999

Prozentsatz (p) berechnen

Schneide aus, rechne und lege das Teil mit dem passenden Ergebnis immer rechts an.

$$p = \frac{W \cdot 100}{G}$$

1	36 von 240 €	= 50 %
2	= 10 %	400 von 800 €
3	35 von 350 €	= 12 %
4	= 3 %	72 von 600 €
5	21 von 700 €	START
6	= 75 %	24 von 300 €
7	30 von 40 €	= 25 %
8	40 von 250 €	= 8 %
9	= 15 %	50 von 200 €
10	= 40 %	ENDE
11	120 von 300 €	= 5 %
12	= 80 %	45 von 900 €
13	32 von 40 €	= 30 %
14	90 von 200 €	= 12,5 %
15	= 45 %	24 von 80 €
16	= 20 %	10 von 80 €
17	40 von 200 €	= 60 %
18	= 16 %	30 von 50 €

DOMINO

KOHL VERLAG Lernen mit Erfolg
Mathe-Training 7. Klasse ... zur Festigung & Wiederholung – Bestell-Nr. 12 999

– LÖSUNG –

21 von 700 €	= 3 %	35 von 350 €	= 10 %	36 von 240 €	= 15 %	30 von 40 €	= 75 %	40 von 250 €
START	72 von 600 €	= 12 %	400 von 800 €	= 50 %	50 von 200 €	= 25 %	24 von 300 €	= 8 %

= 16 %	40 von 200 €	= 20 %	90 von 200 €	= 45 %	32 von 40 €	= 80 %	120 von 300 €	= 40 %
30 von 50 €	= 60 %	10 von 80 €	= 12,5 %	24 von 80 €	= 30 %	45 von 900 €	= 5 %	ENDE

DOMINO

Prozentsatz (p) berechnen

20*

Schneide aus, rechne und lege das Teil mit dem passenden Ergebnis immer rechts an.

$$p = \frac{W \cdot 100}{G}$$

96 von 400	= 1,2 %
2,8 von 35	START
= 25 %	7,2 von 600
= 8,0 %	1,6 von 80
72 von 180	= 16 %
90 von 150	= 40 %
1,1 von 4,4	= 2 %
= 24 %	16 von 40
= 60 %	72 von 450
= 35 %	ENDE
1,5 von 75	= 65 %
= 2 %	45 von 150
140 von 400	= 30 %
= 45 %	130 von 200
1,4 von 200	= 15 %
= 0,7 %	80 von 250
90 von 200	= 32 %
= 40 %	30 von 200

DOMINO

KOHL VERLAG
Mathe-Training 7. Klasse
... zur Festigung & Wiederholung – Bestell-Nr. 12 999

– LÖSUNG –

2,8 von 35	= 8,0 %	1,1 von 4,4	= 25 %	96 von 400	= 24 %	90 von 150	= 60 %	72 von 180
START	1,6 von 80	= 2 %	7,2 von 600	= 1,2 %	16 von 40	= 40 %	72 von 450	= 16 %

= 40 %	1,4 von 200	= 0,7 %	90 von 200	= 45 %	1,5 von 75	= 2 %	140 von 400	= 35 %
30 von 200	= 15 %	80 von 250	= 32 %	130 von 200	= 65 %	45 von 150	= 30 %	ENDE

DOMINO

KOHL VERLAG Mathe-Training 7. Klasse ... zur Festigung & Wiederholung – Bestell-Nr. 12 999

Prozentsatz (p) berechnen

21**

Schneide aus, rechne und lege das Teil mit dem passenden Ergebnis immer rechts an.

$$p = \frac{W \cdot 100}{G}$$

13,75 von 25	START
2,16 von 360	= 8,5 %
10,5 von 210	= 1550 %
82,5 von 300	= 3,5 %
= 55 %	387,5 von 25
153 von 510	= 0,65 %
= 0,6 %	1,95 von 300
= 30 %	11,2 von 320
= 5 %	38,25 von 450
= 61 %	3,69 von 820
70 von 80	= 7 %
14,5 von 25	= 0,45 %
12,2 von 20	= 5,6 %
= 27,5 %	26,95 von 385
= 87,5 %	14 von 250
= 6,8 %	ENDE
8,5 von 125	= 40 %
= 58 %	248 von 620

DOMINO

Mathe-Training 7. Klasse ... zur Festigung & Wiederholung – Bestell-Nr. 12 999

Prozentsatz (p) berechnen

– LÖSUNG –

13,75 von 25	= 55 %	10,5 von 210	= 5 %	2,16 von 360	= 0,6 %	153 von 510	= 30 %	82,5 von 300
START	387,5 von 25	= 1550 %	38,25 von 450	= 8,5 %	1,95 von 300	= 0,65 %	11,2 von 320	= 3,5 %

= 27,5 %	70 von 80	= 87,5 %	12,2 von 20	= 61 %	14,5 von 25	= 58 %	8,5 von 125	= 6,8 %
26,95 von 385	= 7 %	14 von 250	= 5,6 %	3,69 von 820	= 0,45 %	248 von 620	= 40 %	ENDE

DOMINO

Grundwert (G) berechnen

Rechne aus und verbinde die Punkte bei den Ergebniszahlen in der Reihenfolge der Aufgaben.

$$G = \frac{W \cdot 100}{p}$$

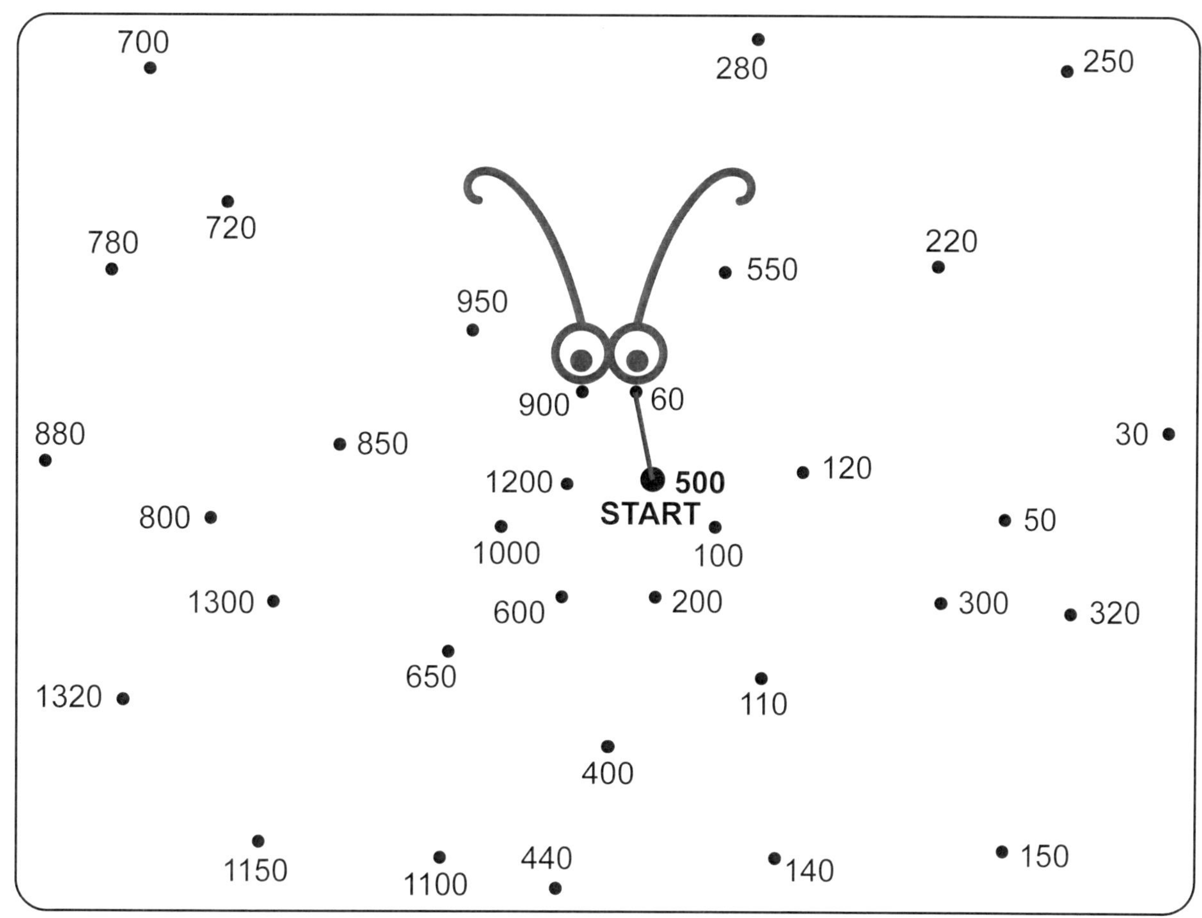

START

10 % sind 50 €	G = **500 €**
10 % sind 25 €	G = ________
50 % sind 25 €	G = ________
25 % sind 25 €	G = ________
20 % sind 60 €	G = ________
50 % sind 70 €	G = ________
30 % sind 60 €	G = ________
8 % sind 32 €	G = ________
4 % sind 24 €	G = ________

5 % sind 55 €	G = ________
1 % sind 13 €	G = ________
4 % sind 40 €	G = ________
6 % sind 48 €	G = ________
9 % sind 63 €	G = ________
2 % sind 24 €	G = ________
3 % sind 27 €	G = ________
20 % sind 12 €	G = ________

ENDE

BILD AUS PUNKTEN

KOHL VERLAG Mathe-Training 7. Klasse ... zur Festigung & Wiederholung – Bestell-Nr. 12 999

– LÖSUNG –

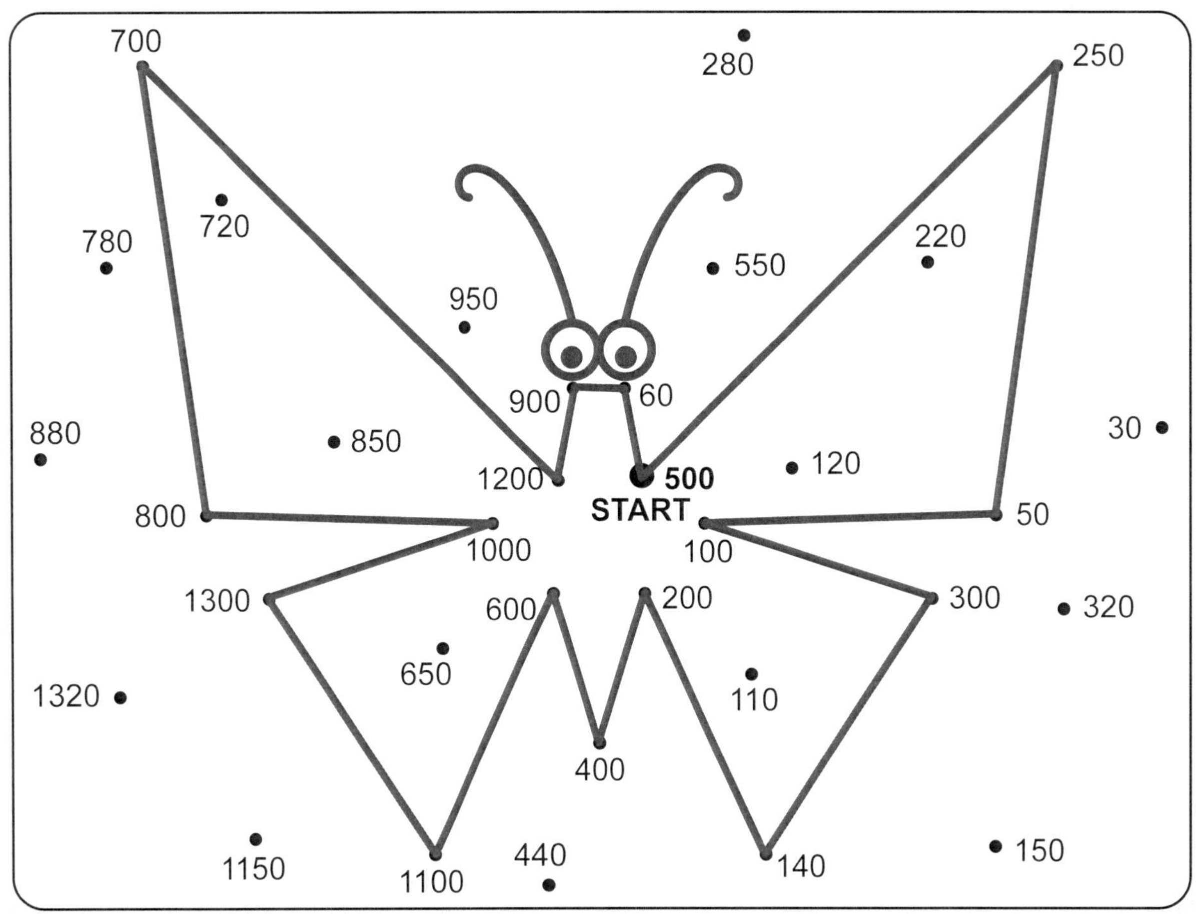

START

10 % sind 50 €	G = 500 €
10 % sind 25 €	G = 250 €
50 % sind 25 €	G = 50 €
25 % sind 25 €	G = 100 €
20 % sind 60 €	G = 300 €
50 % sind 70 €	G = 140 €
30 % sind 60 €	G = 200 €
8 % sind 32 €	G = 400 €
4 % sind 24 €	G = 600 €

5 % sind 55 €	G = 1100 €
1 % sind 13 €	G = 1300 €
4 % sind 40 €	G = 1000 €
6 % sind 48 €	G = 800 €
9 % sind 63 €	G = 700 €
2 % sind 24 €	G = 1200 €
3 % sind 27 €	G = 900 €
20 % sind 12 €	G = 60 €

ENDE

BILD AUS PUNKTEN

KOHL VERLAG Mathe-Training 7. Klasse ... zur Festigung & Wiederholung – Bestell-Nr. 12 999

Grundwert (G) berechnen

23*

Rechne aus und verbinde die Punkte bei den Ergebniszahlen in der Reihenfolge der Aufgaben.

$$G = \frac{W \cdot 100}{p}$$

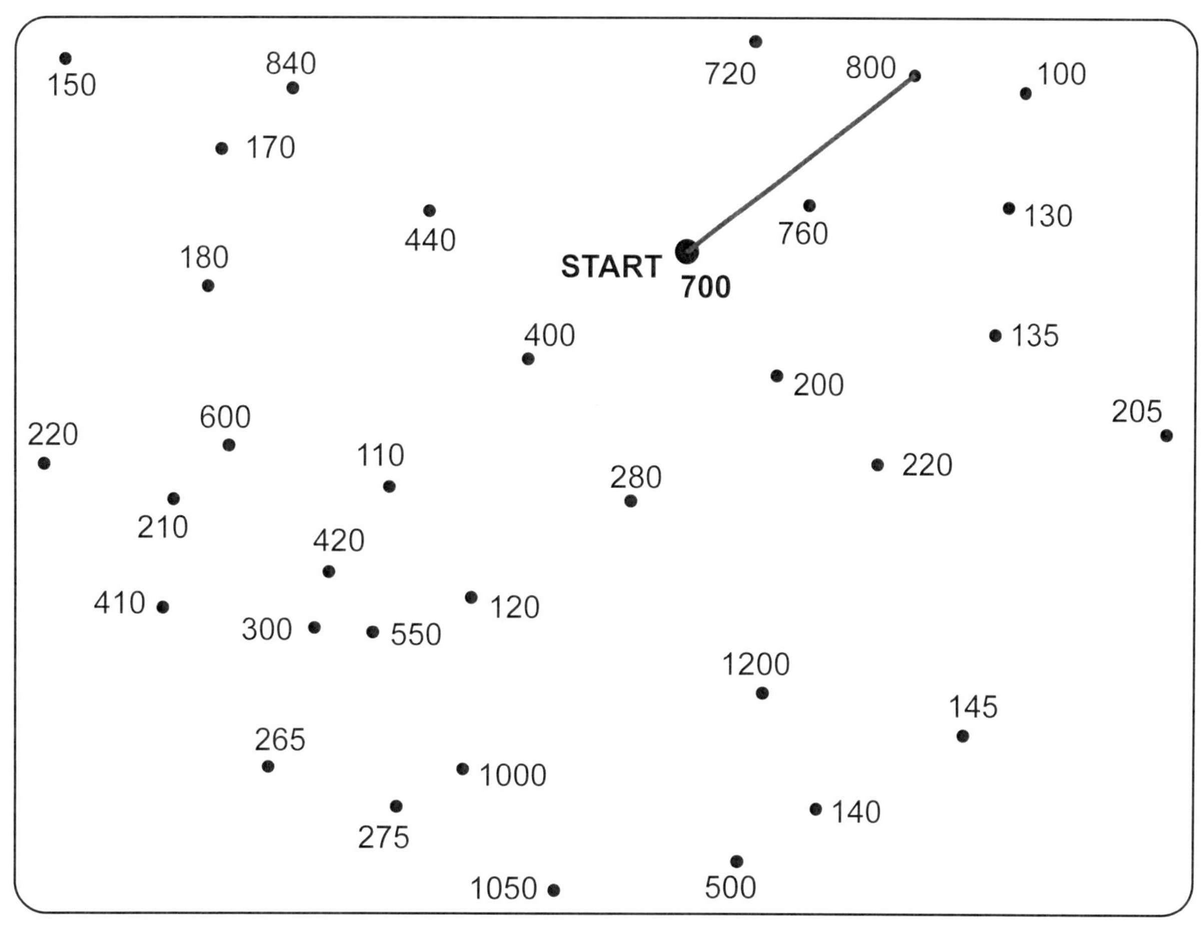

START

12 % sind 84	G = **700**
10 % sind 84	G = ________
50 % sind 85	G = ________
15 % sind 60	G = ________
90 % sind 99	G = ________
12 % sind 72	G = ________
80 % sind 168	G = ________
40 % sind 168	G = ________
13 % sind 39	G = ________
30 % sind 165	G = ________

60 % sind 165	G = ________
16 % sind 160	G = ________
70 % sind 84	G = ________
30 % sind 84	G = ________
18 % sind 90	G = ________
60 % sind 84	G = ________
19 % sind 38	G = ________
80 % sind 104	G = ________
17 % sind 17	G = ________
10 % sind 80	G = ________

ENDE

BILD AUS PUNKTEN

KOHL VERLAG Mathe-Training 7. Klasse ... zur Festigung & Wiederholung – Bestell-Nr. 12 999

– LÖSUNG –

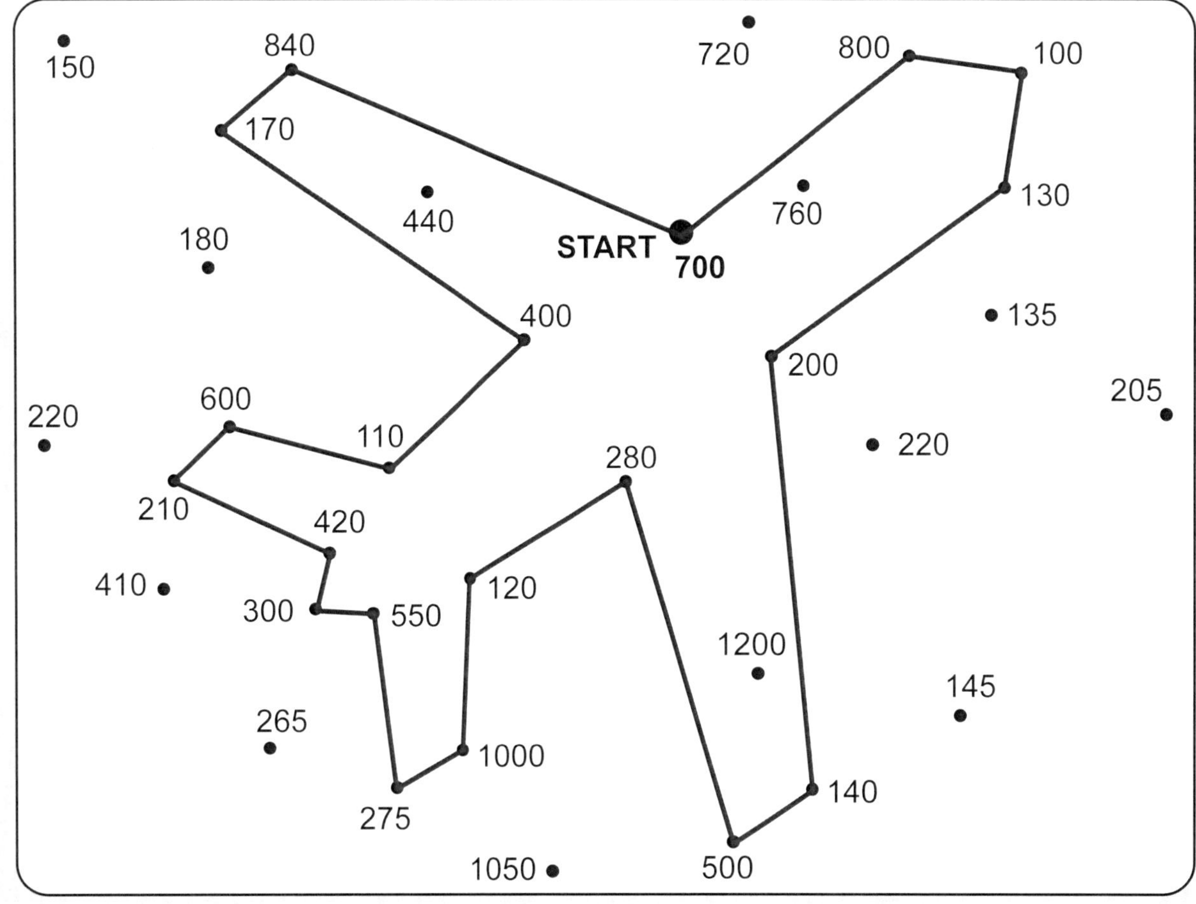

START

12 % sind 84	G = 700
10 % sind 84	G = 840
50 % sind 85	G = 170
15 % sind 60	G = 400
90 % sind 99	G = 110
12 % sind 72	G = 600
80 % sind 168	G = 210
40 % sind 168	G = 420
13 % sind 39	G = 300
30 % sind 165	G = 550

60 % sind 165	G = 275
16 % sind 160	G = 1000
70 % sind 84	G = 120
30 % sind 84	G = 280
18 % sind 90	G = 500
60 % sind 84	G = 140
19 % sind 38	G = 200
80 % sind 104	G = 130
17 % sind 17	G = 100
10 % sind 80	G = 800

ENDE

BILD AUS PUNKTEN

Mathe-Training 7. Klasse ... zur Festigung & Wiederholung – Bestell-Nr. 12 999

Grundwert (G) berechnen

24**

Rechne aus und verbinde die Punkte bei den Ergebniszahlen in der Reihenfolge der Aufgaben.

$$G = \frac{W \cdot 100}{p}$$

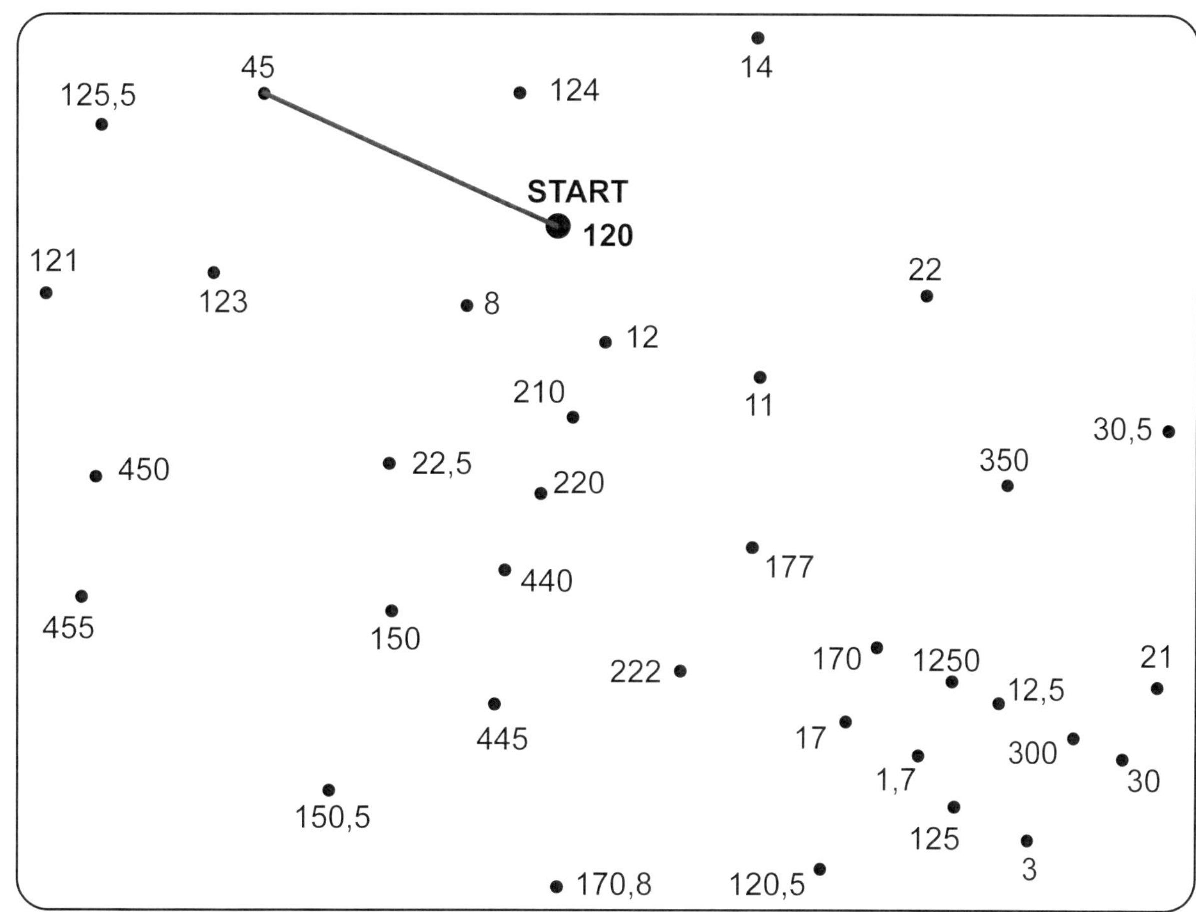

START

4 % sind 4,8	G = **120**
4 % sind 0,48	G = ______
7 % sind 14,7	G = ______
70 % sind 14,7	G = ______
6 % sind 1,8	G = ______
0,6 % sind 1,8	G = ______
60 % sind 1,8	G = ______
2 % sind 2,5	G = ______
20 % sind 2,5	G = ______

0,2 % sind 2,5	G = ______
50 % sind 0,85	G = ______
5 % sind 0,85	G = ______
0,5 % sind 0,85	G = ______
0,8 % sind 1,76	G = ______
0,4 % sind 1,76	G = ______
0,9 % sind 1,35	G = ______
0,3 % sind 1,35	G = ______
100 % sind 45	G = ______

ENDE

BILD AUS PUNKTEN

Mathe-Training 7. Klasse ... zur Festigung & Wiederholung – Bestell-Nr. 12 999
KOHL VERLAG

Grundwert (G) berechnen

24**

– LÖSUNG –

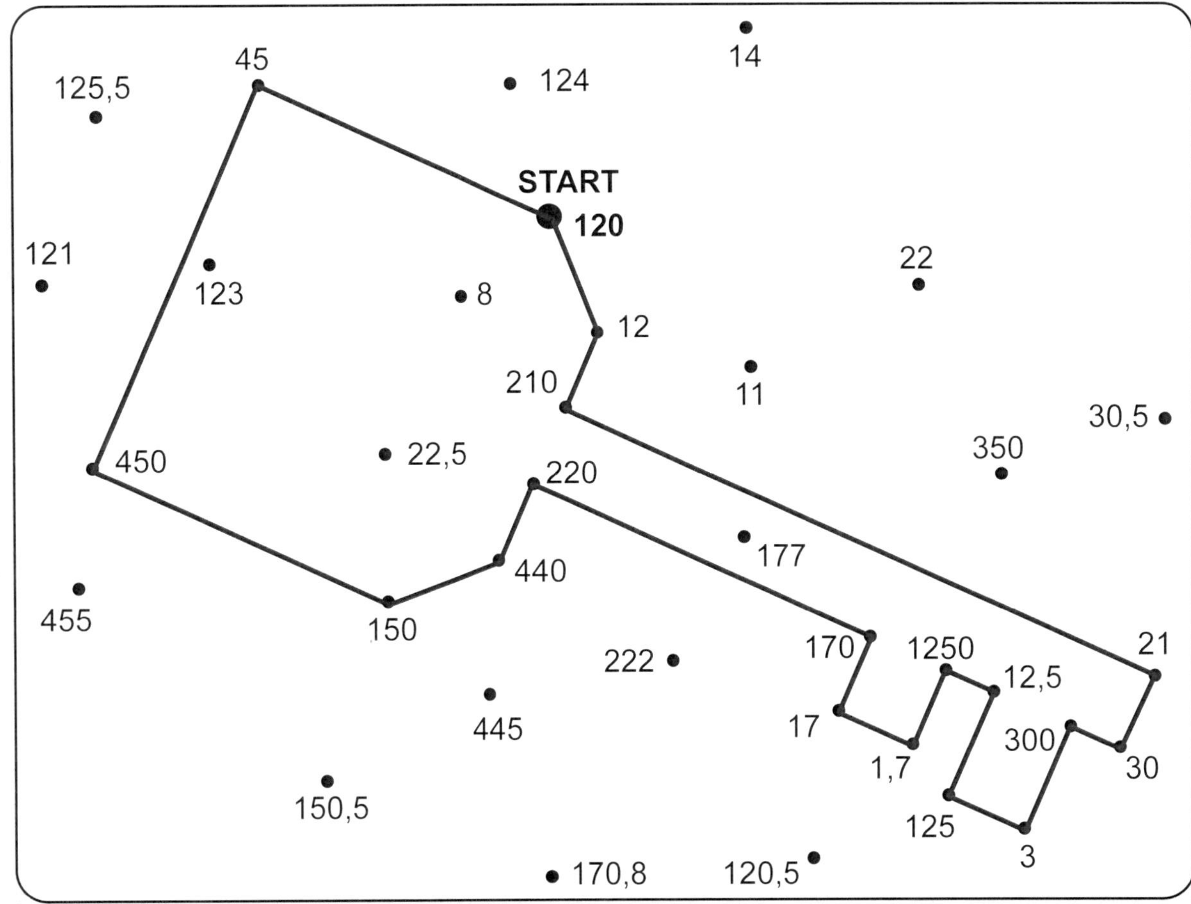

START

4% sind 4,8	G = 120
4% sind 0,48	G = 12
7% sind 14,7	G = 210
70% sind 14,7	G = 21
6% sind 1,8	G = 30
0,6% sind 1,8	G = 300
60% sind 1,8	G = 3
2% sind 2,5	G = 125
20% sind 2,5	G = 12,5

0,2% sind 2,5	G = 1250
50% sind 0,85	G = 1,7
5% sind 0,85	G = 17
0,5% sind 0,85	G = 170
0,8% sind 1,76	G = 220
0,4% sind 1,76	G = 440
0,9% sind 1,35	G = 150
0,3% sind 1,35	G = 450
100% sind 45	G = 45

ENDE

BILD AUS PUNKTEN

KOHL VERLAG Mathe-Training 7. Klasse ... zur Festigung & Wiederholung – Bestell-Nr. 12 999

Textaufgaben

Ordne Texte, Fragen und Ergebnisse richtig zu und nummeriere entsprechend. Spaltenweise von oben nach unten gelesen ergibt sich aus den Buchstaben der Spalten der Lösungssatz.

	Text 1		Text 2		Frage		Ergebnis
1 T	Marc trägt nachmittags Zeitungen aus und verdient damit im Monat 60 €.	N	Beim Internethändler hätte sie dieses Handy für nur 135 € bekommen.	R	Um wie viel Prozent hat sich Lenas Taschengeld erhöht?	E	238 €
2 Ä	Das Zimmer von Anna ist für 200 € neu gestrichen worden.	S	Der Preis von 400 € für den Computer vermindert sich bei Barzahlung um 3 %.	F	Wie viel kostet das Rad mit Full-Suspension?	L	20 %
3 G	Tina hat im Elektrogroßmarkt ein neues Handy für 150 € gekauft.	1 S	Nach dem ersten Jahr erhöht sich Marcs Lohn um 5 %.	E	Wie hoch ist der Barzahlungspreis für den Computer?	T	25 %
4 L	Erkan bekommt 40 € Taschengeld im Monat.	E	Das gleiche Rad mit Full-Suspension kostet 20 % mehr.	E	Wie viel Prozent ist das Handy im Internet preiswerter?	1 I	63 €
5 I	Tim hat sich ein Mountainbike für 350 € ausgesucht.	O	Nach ihrem 12. Geburtstag bekommt Lena 10 € mehr.	1 M	Wie hoch ist danach Marcs Monatsverdienst?	L	388 €
6 C	Hans zahlt seinen neuen Computer bar.	O	Auf den Malerlohn kommen noch 19 % Mehrwertsteuer.	R	Wie viel Prozent seines Taschengeldes zahlt Erkan für die Flatrate?	N	10 %
7 H	Lena erhält im Monat 50 € Taschengeld.	N	Für seine Handy-Flatrate zahlt er 10 € im Monat.	M	Wie viel müssen Annas Eltern bezahlen?	O	420 €

Ergebnisse:

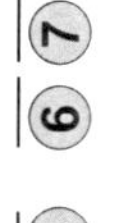

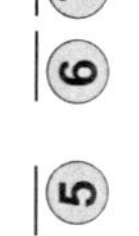

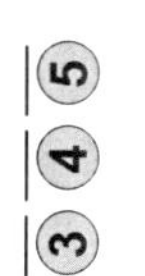
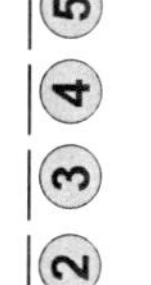
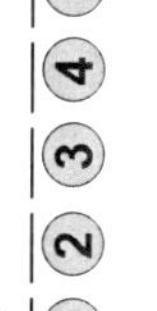

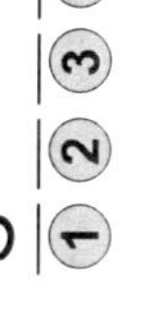
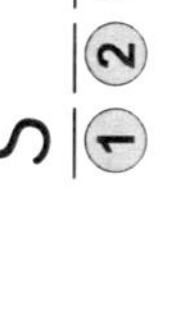

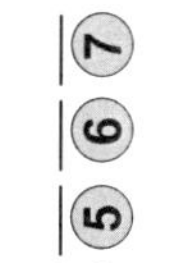

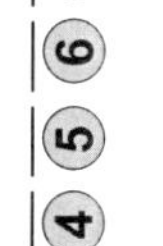

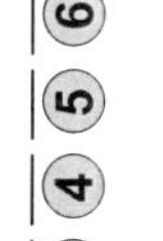

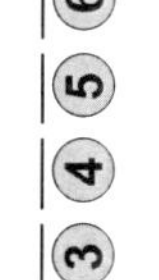
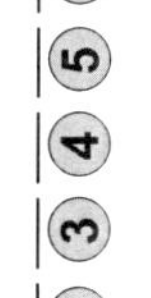

T _ (1) _ (2) _ (3) _ (4) _ (5) _ (6) _ (7)

S _ (1) _ (2) _ (3) _ (4) _ (5) _ (6) _ (7)

M _ (1) _ (2) _ (3) _ (4) _ (5) _ (6) _ (7)

I _ (1) _ (2) _ (3) _ (4) _ (5) _ (6) _ (7)

TEXTAUFGABEN BILDEN

Lösungssatz:

T__________ __________, __________, __________: __________!

KOHL VERLAG Mathe-Training 7. Klasse ... zur Festigung & Wiederholung – Bestell-Nr. 12 999

– LÖSUNG –

Nr.	Text 1	Nr.	Text 2	Nr.	Frage	Nr.	Ergebnis
1 T	Marc trägt nachmittags Zeitungen aus und verdient damit im Monat 60 €.	3 N	Beim Internethändler hätte sie dieses Handy für nur 135 € bekommen.	7 R	Um wie viel Prozent hat sich Lenas Taschengeld erhöht?	2 E	238 €
2 Ä	Das Zimmer von Anna ist für 200 € neu gestrichen worden.	6 S	Der Preis von 400 € für den Computer vermindert sich bei Barzahlung um 3 %.	5 F	Wie viel kostet das Rad mit Full-Suspension?	7 L	20 %
3 G	Tina hat im Elektrogroß-markt ein neues Handy für 150 € gekauft.	1 S	Nach dem ersten Jahr erhöht sich Marcs Lohn um 5 %.	6 E	Wie hoch ist der Barzahlungspreis für den Computer?	4 T	25 %
4 L	Erkan bekommt 40 € Taschengeld im Monat.	5 E	Das gleiche Rad mit Full-Suspension kostet 20 % mehr.	3 E	Wie viel Prozent ist das Handy im Internet preiswerter?	1 I	63 €
5 I	Tim hat sich ein Mountainbike für 350 € ausgesucht.	7 O	Nach ihrem 12. Geburtstag bekommt Lena 10 € mehr.	1 M	Wie hoch ist danach Marcs Monatsverdienst?	6 L	388 €
6 C	Hans zahlt seinen neuen Computer bar.	2 O	Auf den Malerlohn kommen noch 19 % Mehrwertsteuer.	4 R	Wie viel Prozent seines Taschengeldes zahlt Erkan für die Flatrate?	3 N	10 %
7 H	Lena erhält im Monat 50 € Taschengeld.	4 N	Für seine Handy-Flatrate zahlt er 10 € im Monat.	2 M	Wie viel müssen Annas Eltern bezahlen?	5 O	420 €

Ergebnisse: T Ä G L I C H (1 2 3 4 5 6 7) – S O N N E (1 2 3 4 5) S O (6 7) – M M E R (1 2 3 4) F E R (5 6 7) – I E N (1 2 3) T O L L (4 5 6 7)

Lösungssatz: Täglich Sonne, Sommer, Ferien: toll!

TEXTAUFGABEN BILDEN

Textaufgaben

Ordne Texte, Fragen und Ergebnisse richtig zu und nummeriere entsprechend. Spaltenweise von oben nach unten gelesen ergibt sich aus den Buchstaben der Spalten der Lösungssatz.

	Text 1		Text 2		Frage		Zahl		Benennung
1 D	36 Kinder haben die Mathearbeit mitgeschrieben.	I	Nur 84 Kinder bestellen Milch, die anderen Kakao.	H	Wie viele Kinder der Jahrgangsstufe 7 sind in einem Sportverein?	R	5	H	Fahrräder
2 E	An der Schulmilch-bestellung beteiligen sich 420 Kinder.	B	Von der letzten Auflage wurden 15 Zeitschriften nicht verkauft.	L	Wie viele Kinder beteiligten sich an der Wahl?	O	44	L	Schüle-rinnen
3 N	Die Stern-Schule wird von 610 Kindern besucht.	S	Genau 420 Kinder stimmten für die Schulsprecherin.	1 C	Wie viel % der Arbeiten sind „mangelhaft“ oder „ungenügend“?	T	20	1 M	%
4 K	Für das Konzert der Schülerband wurden 450 Karten verkauft.	N	40 % der Kinder der Stern-Schule sind Mädchen.	I	Wie viele Fahrräder hatten Mängel?	T	600	E	Kinder
5 N	Die Schülerzeitung hat eine Auflage von 300 Exemplaren.	1 E	9 Arbeiten sind schlechter als „ausreichend“.	A	Wie viele Plätze hat der Konzertsaal?	D	244	A	%
6 A	In der Jahrgangsstufe 7 gibt es 80 Kinder.	R	15 % der Fahrräder hatten Mängel.	G	Wie viel Prozent der Auflage sind nicht verkauft worden?	1 F	25	R	Kinder
7 C	Beim Fahrradtest wurden 120 Fahrräder untersucht.	Ü	Das sind 90 % aller Plätze.	H	Wie viel Prozent der Kinder bekommen Milch?	F	18	S	Plätze
8 H	Die Schulsprecherin erhielt bei ihrer Wahl 70 % aller Stimmen.	E	55 % der Kinder der Jahrgangsstufe 7 sind in einem Sportverein.	L	Wie viele Schülerinnen gibt es an der Stern-Schule?	I	500	S	%

D _ _ _ _ _ _ _ (1 2 3 4 5 6 7 8) E _ _ _ _ _ _ _ (1 2 3 4 5 6 7 8) C _ _ _ _ _ _ _ (1 2 3 4 5 6 7 8) F _ _ _ _ _ _ _ (1 2 3 4 5 6 7 8) M _ _ _ _ _ _ _ (1 2 3 4 5 6 7 8)

TEXTAUFGABEN BILDEN

Lösungssatz: D______ ______ : ______ ______

______ ______ ______ ______!

Mathe-Training 7. Klasse
... zur Festigung & Wiederholung – Bestell-Nr. 12 999

– LÖSUNG –

	Text 1		Text 2		Frage		Zahl		Benennung
1 D	36 Kinder haben die Mathearbeit mitgeschrieben.	2 I	Nur 84 Kinder bestellen Milch, die anderen Kakao.	6 H	Wie viele Kinder der Jahrgangsstufe 7 sind in einem Sportverein?	5 R	5	7 H	Fahrräder
2 E	An der Schulmilch-bestellung beteiligen sich 420 Kinder.	5 B	Von der letzten Auflage wurden 15 Zeitschriften nicht verkauft.	8 L	Wie viele Kinder beteiligten sich an der Wahl?	6 O	44	3 L	Schüle-rinnen
3 N	Die Stern-Schule wird von 610 Kindern besucht.	8 S	Genau 420 Kinder stimmten für die Schulsprecherin.	1 C	Wie viel % der Arbeiten sind „mangelhaft“ oder „ungenügend“?	2 T	20	1 M	%
4 K	Für das Konzert der Schülerband wurden 450 Karten verkauft.	3 N	40 % der Kinder der Stern-Schule sind Mädchen.	7 I	Wie viele Fahrräder hatten Mängel?	8 T	600	6 E	Kinder
5 N	Die Schülerzeitung hat eine Auflage von 300 Exemplaren.	1 E	9 Arbeiten sind schlechter als „ausreichend“.	4 A	Wie viele Plätze hat der Konzertsaal?	3 D	244	2 A	%
6 A	In der Jahrgangsstufe 7 gibt es 80 Kinder.	7 R	15 % der Fahrräder hatten Mängel.	5 G	Wie viel Prozent der Auflage sind nicht verkauft worden?	1 F	25	8 R	Kinder
7 C	Beim Fahrradtest wurden 120 Fahrräder untersucht.	4 Ü	Das sind 90 % aller Plätze.	2 H	Wie viel Prozent der Kinder bekommen Milch?	7 F	18	4 S	Plätze
8 H	Die Schulsprecherin erhielt bei ihrer Wahl 70 % aller Stimmen.	6 E	55 % der Kinder der Jahrgangsstufe 7 sind in einem Sportverein.	3 L	Wie viele Schülerinnen gibt es an der Stern-Schule?	4 I	500	5 S	%

D	E	N	K	N	A	C	H	E	I	N	Ü	B	E	R	S	C	H	L	A	G	H	I	L	F	T	D	I	R	O	F	T	M	A	L	S	S	E	H	R
1	2	3	4	5	6	7	8	1	2	3	4	5	6	7	8	1	2	3	4	5	6	7	8	1	2	3	4	5	6	7	8	1	2	3	4	5	6	7	8

Lösungssatz: Denk nach: Ein Überschlag hilft dir oftmals sehr!

TEXTAUFGABEN BILDEN

Textaufgaben

27**

Ordne Texte, Fragen und Ergebnisse richtig zu und nummeriere entsprechend. Spaltenweise von oben nach unten gelesen ergibt sich aus den Buchstaben der Spalten der Lösungssatz.

	Text 1		Text 2		Frage		Zahl		Benennung
1 V	Anna würfelt 150-mal mit ihrem Lieblingswürfel.	R	Das ist eine relative Häufigkeit der Mountainbiker von 20 %.	Ü	Wie viele Kinder kommen mit dem Fahrrad zur Schule?	C	70	I	Kinder
2 O	Beim Basketball werden Korbwürfe trainiert.	M	270 Kinder der Schiller-Schule sind Einzelkinder.	N	Wie groß ist die Häufigkeit eines Elfmetertreffers bei Lukas' Mannschaft?	R	5	E	Kinder
3 R	Lukas hat die Spiele seiner Fußballmannschaft lange beobachtet.	N	Davon erhielten 65 Kinder eine Ehrenurkunde.	1 I	Wie groß ist die relative Häufigkeit eines 6er-Wurfs bei Anna?	I	120	1 E	%
4 S	In der Humboldt-Schule ist die relative Häufigkeit der Nichtschwimmer 15 %.	Ö	Bei 80 Würfen wird der Korb 56 mal getroffen.	L	Wie ist die relative Häufigkeit von Einzelkindern an der Schiller-Schule?	E	500	L	%
5 I	In Neustadt nahmen an den Bundesjugendspielen 1300 Kinder teil.	U	480 Kinder besuchen die Einstein-Schule.	T	Wie groß ist die Trefferhäufigkeit beim Basketball?	1 I	30	L	%
6 C	An der Einstein-Schule ist die relative Häufigkeit der Radfahrschüler 25 %.	1 L	Dabei erhält Anna 45-mal eine 6.	R	Wie viele Kinder besuchen die Heisenberg-Schule?	H	55	G	%
7 H	An der Heisenberg-Schule besitzen 58 Kinder ein Mountainbike.	S	Er hat festgestellt, dass von 40 Elfmeterschüssen nur 22 ins Tor gehen.	A	Wie viele Kinder gehen in die Humboldt-Schule?	T	60	N	Kinder
8 T	450 Kinder besuchen die Schiller-Schule.	E	Es gibt 75 Nichtschwimmer.	T	Wie groß war die relative Häufigkeit der Ehrenurkunden?	N	290	Z	%

V _ _ _ _ _ _ _ (1 2 3 4 5 6 7 8) L _ _ _ (1 2 3 4) _ _ _ (5 6 7) _ (8) I _ (1 2) _ _ _ _ _ _ (3 4 5 6 7 8) I _ _ _ _ (1 2 3 4 5) _ _ _ (6 7 8) E _ _ _ _ _ _ _ (1 2 3 4 5 6 7 8)

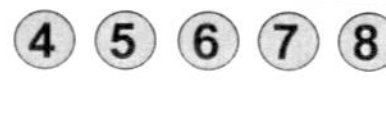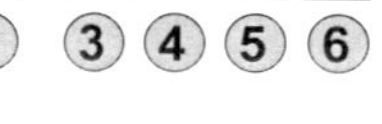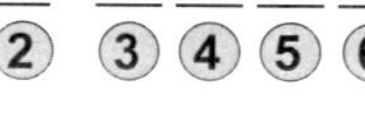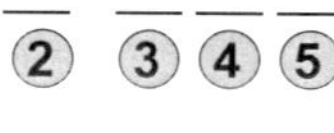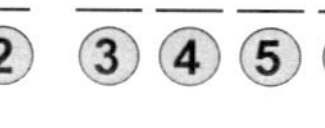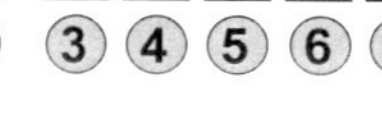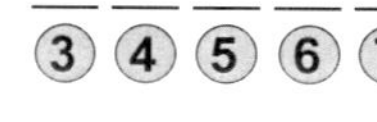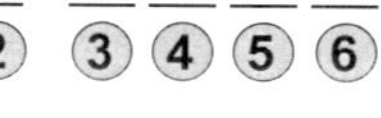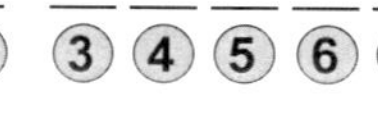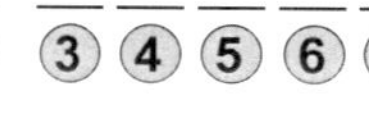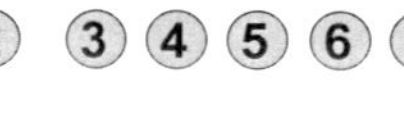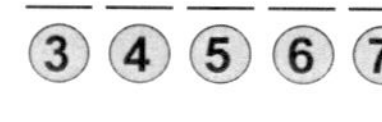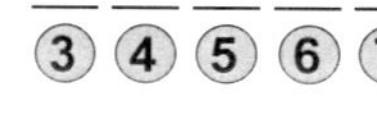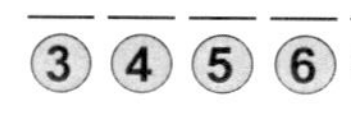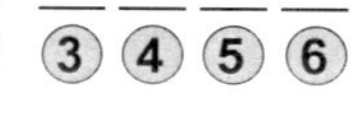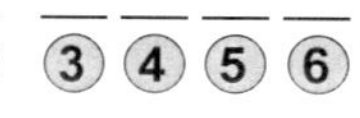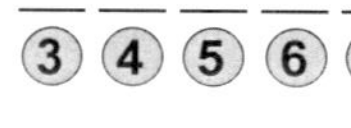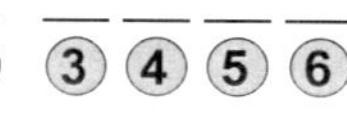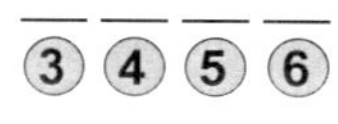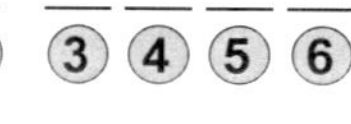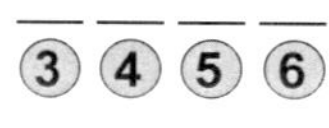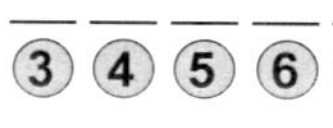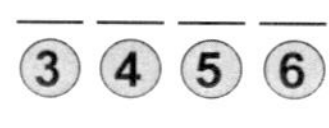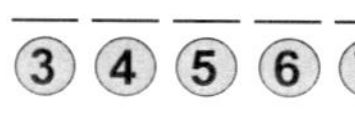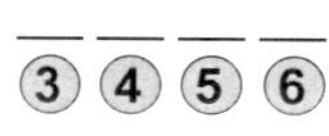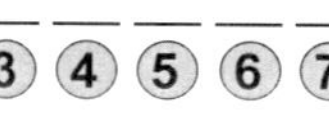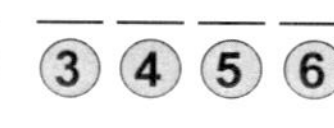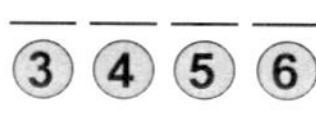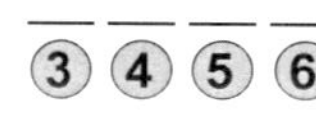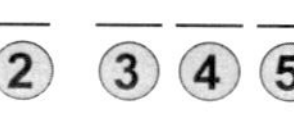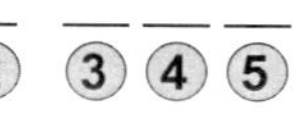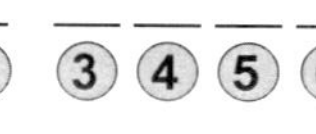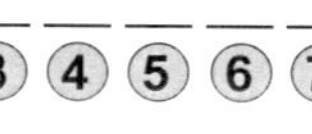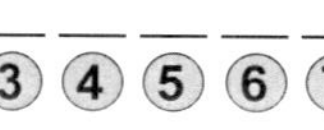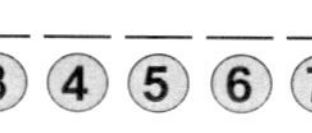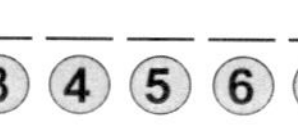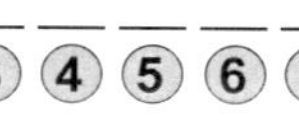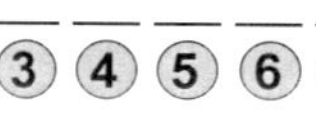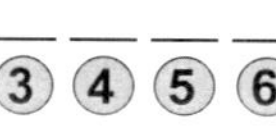

Lösungssatz: V _______________! _________ _________ _________

_______________ _______________.

TEXTAUFGABEN BILDEN

– LÖSUNG –

TEXTAUFGABEN BILDEN

	Text 1		Text 2		Frage		Zahl		Benennung
1 V	Anna würfelt 150-mal mit ihrem Lieblingswürfel.	7 R	Das ist eine relative Häufigkeit der Mountainbiker von 20 %.	6 Ü	Wie viele Kinder kommen mit dem Fahrrad zur Schule?	2 C	70	4 I	Kinder
2 O	Beim Basketball werden Korbwürfe trainiert.	8 M	270 Kinder der Schiller-Schule sind Einzelkinder.	3 N	Wie groß ist die Häufigkeit eines Elfmetertreffers bei Lukas' Mannschaft?	5 R	5	6 E	Kinder
3 R	Lukas hat die Spiele seiner Fußballmannschaft lange beobachtet.	5 N	Davon erhielten 65 Kinder eine Ehrenurkunde.	1 I	Wie groß ist die relative Häufigkeit eines 6er-Wurfs bei Anna?	6 I	120	1 E	%
4 S	In der Humboldt-Schule ist die relative Häufigkeit der Nichtschwimmer 15 %.	2 Ö	Bei 80 Würfen wird der Korb 56 mal getroffen.	8 L	Wie ist die relative Häufigkeit von Einzelkindern an der Schiller-Schule?	4 E	500	2 L	%
5 I	In Neustadt nahmen an den Bundesjugendspielen 1300 Kinder teil.	6 U	480 Kinder besuchen die Einstein-Schule.	2 T	Wie groß ist die Trefferhäufigkeit beim Basketball?	1 I	30	3 L	%
6 C	An der Einstein-Schule ist die relative Häufigkeit der Radfahrschüler 25 %.	1 L	Dabei erhält Anna 45-mal eine 6.	7 R	Wie viele Kinder besuchen die Heisenberg-Schule?	3 H	55	5 G	%
7 H	An der Heisenberg-Schule besitzen 58 Kinder ein Mountainbike.	3 S	Er hat festgestellt, dass von 40 Elfmeterschüssen nur 22 ins Tor gehen.	4 A	Wie viele Kinder gehen in die Humboldt-Schule?	8 T	60	7 N	Kinder
8 T	450 Kinder besuchen die Schiller-Schule.	4 E	Es gibt 75 Nichtschwimmer.	5 T	Wie groß war die relative Häufigkeit der Ehrenurkunden?	7 N	290	8 Z	%

VORSICHT LÖSE NURM IT NATÜRL ICHER INT ELLIGENZ

1 2 3 4 5 6 7 8 | 1 2 3 4 5 6 7 8 | 1 2 3 4 5 6 7 8 | 1 2 3 4 5 6 7 8 | 1 2 3 4 5 6 7 8

Lösungssatz: Vorsicht! Löse nur mit natürlicher Intelligenz.

KOHL VERLAG Mathe-Training 7. Klasse ... zur Festigung & Wiederholung – Bestell-Nr. 12 999

Lineare Gleichungen

Bestimme die x-Werte und male alle Felder mit den x-Werten mit einer Farbe an.

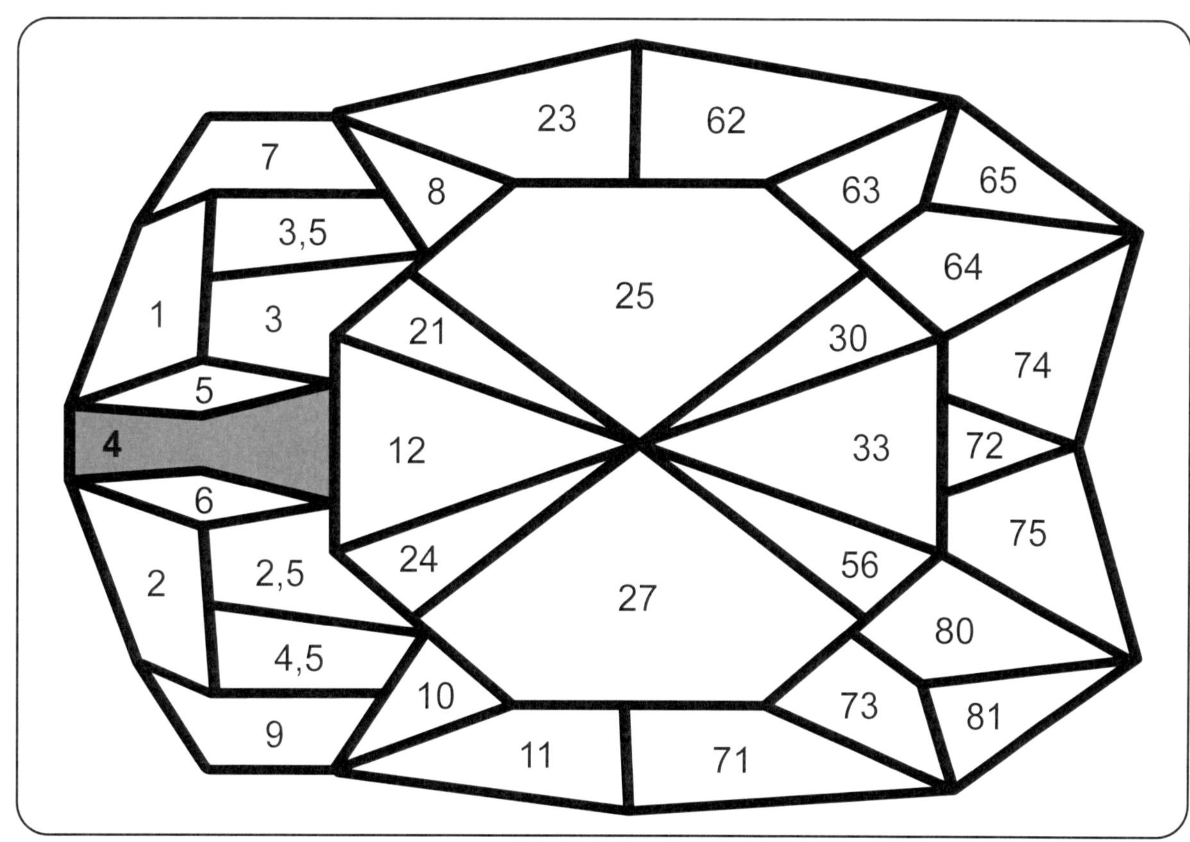

x + 6 = 10	⟶ x =	**4**
x – 5 = 5	⟶ x =	
x + 8 = 20	⟶ x =	
x – 9 = 18	⟶ x =	
x + 15 = 45	⟶ x =	
x – 50 = 22	⟶ x =	
x + 25 = 90	⟶ x =	
x – 35 = 38	⟶ x =	
x + 49 = 73	⟶ x =	
x – 55 = 26	⟶ x =	

3x = 15	⟶ x =	
5x = 45	⟶ x =	
7x = 56	⟶ x =	
8x = 48	⟶ x =	
6x = 42	⟶ x =	
x : 9 = 7	⟶ x =	
x : 7 = 3	⟶ x =	
x : 5 = 5	⟶ x =	
x : 3 = 11	⟶ x =	
x : 8 = 7	⟶ x =	

AUSMALEN

Mathe-Training 7. Klasse ... zur Festigung & Wiederholung – Bestell-Nr. 12 999
KOHL VERLAG

– LÖSUNG –

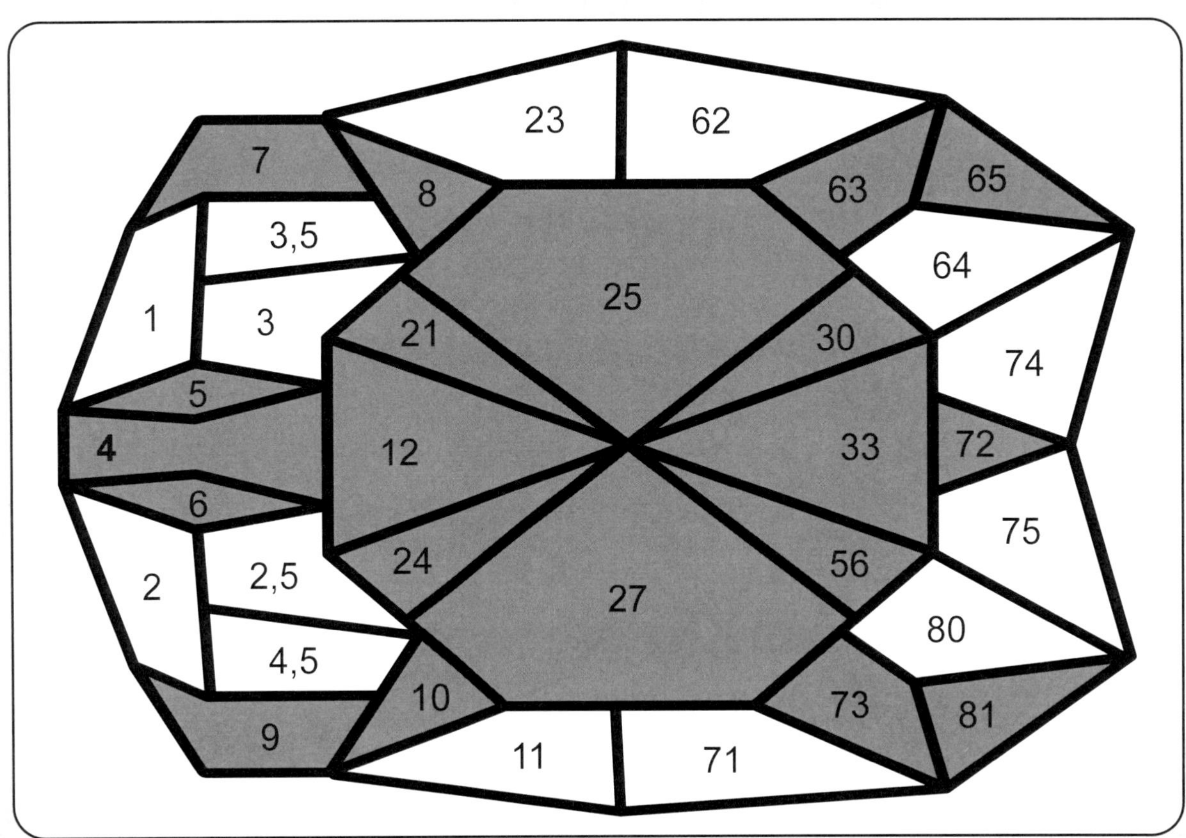

x + 6 = 10	→	x =	4
x – 5 = 5	→	x =	10
x + 8 = 20	→	x =	12
x – 9 = 18	→	x =	27
x + 15 = 45	→	x =	30
x – 50 = 22	→	x =	72
x + 25 = 90	→	x =	65
x – 35 = 38	→	x =	73
x + 49 = 73	→	x =	24
x – 55 = 26	→	x =	81

3x = 15	→	x =	5
5x = 45	→	x =	9
7x = 56	→	x =	8
8x = 48	→	x =	6
6x = 42	→	x =	7
x : 9 = 7	→	x =	63
x : 7 = 3	→	x =	21
x : 5 = 5	→	x =	25
x : 3 = 11	→	x =	33
x : 8 = 7	→	x =	56

AUSMALEN

KOHL VERLAG Mathe-Training 7. Klasse ... zur Festigung & Wiederholung – Bestell-Nr. 12 999

Lineare Gleichungen

Bestimme die x-Werte und male alle Felder mit den x-Werten mit einer Farbe an.

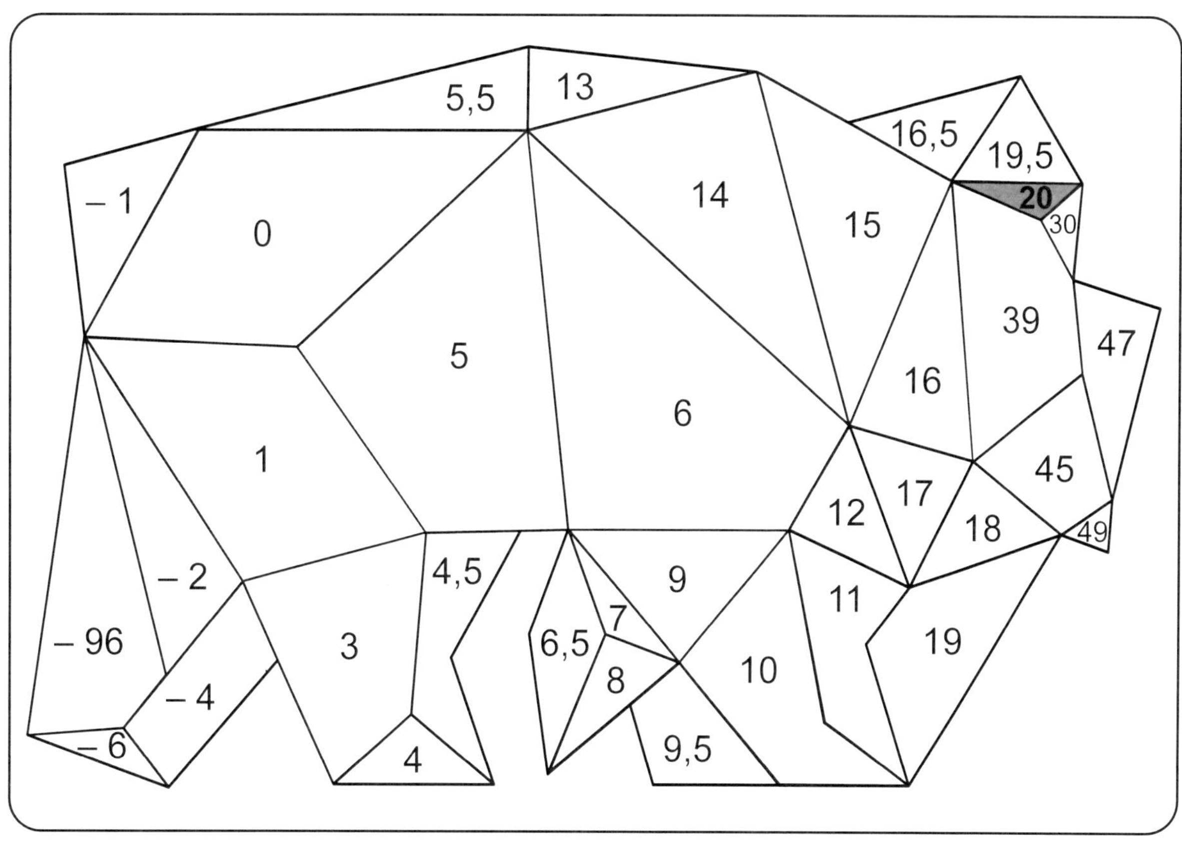

$x : 5 + 18 = 22$	$\longrightarrow$	$x =$ **20**
$x : 3 - 6 = 7$	$\longrightarrow$	$x =$
$x : 4 + 13 = 13$	$\longrightarrow$	$x =$
$x : 3 - 4 = 11$	$\longrightarrow$	$x =$
$x : 8 + 36 = 24$	$\longrightarrow$	$x =$
$3x : 5 = 9$	$\longrightarrow$	$x =$
$5x : 8 = 10$	$\longrightarrow$	$x =$
$6x : 7 = 12$	$\longrightarrow$	$x =$
$4x : 6 = 20$	$\longrightarrow$	$x =$
$9x : 2 = 45$	$\longrightarrow$	$x =$

$3x - 2 = 19$	$\longrightarrow$	$x =$
$8x - 6 = 26$	$\longrightarrow$	$x =$
$6x + 39 = 3$	$\longrightarrow$	$x =$
$10x - 55 = 25$	$\longrightarrow$	$x =$
$9x + 37 = 91$	$\longrightarrow$	$x =$
$62 - 4x = 42$	$\longrightarrow$	$x =$
$35 + 8x = 19$	$\longrightarrow$	$x =$
$3 - 5x = -12$	$\longrightarrow$	$x =$
$17 + 3x = 20$	$\longrightarrow$	$x =$
$12 + 7x = 75$	$\longrightarrow$	$x =$

AUSMALEN

Mathe-Training 7. Klasse ... zur Festigung & Wiederholung – Bestell-Nr. 12 999
KOHL VERLAG

– LÖSUNG –

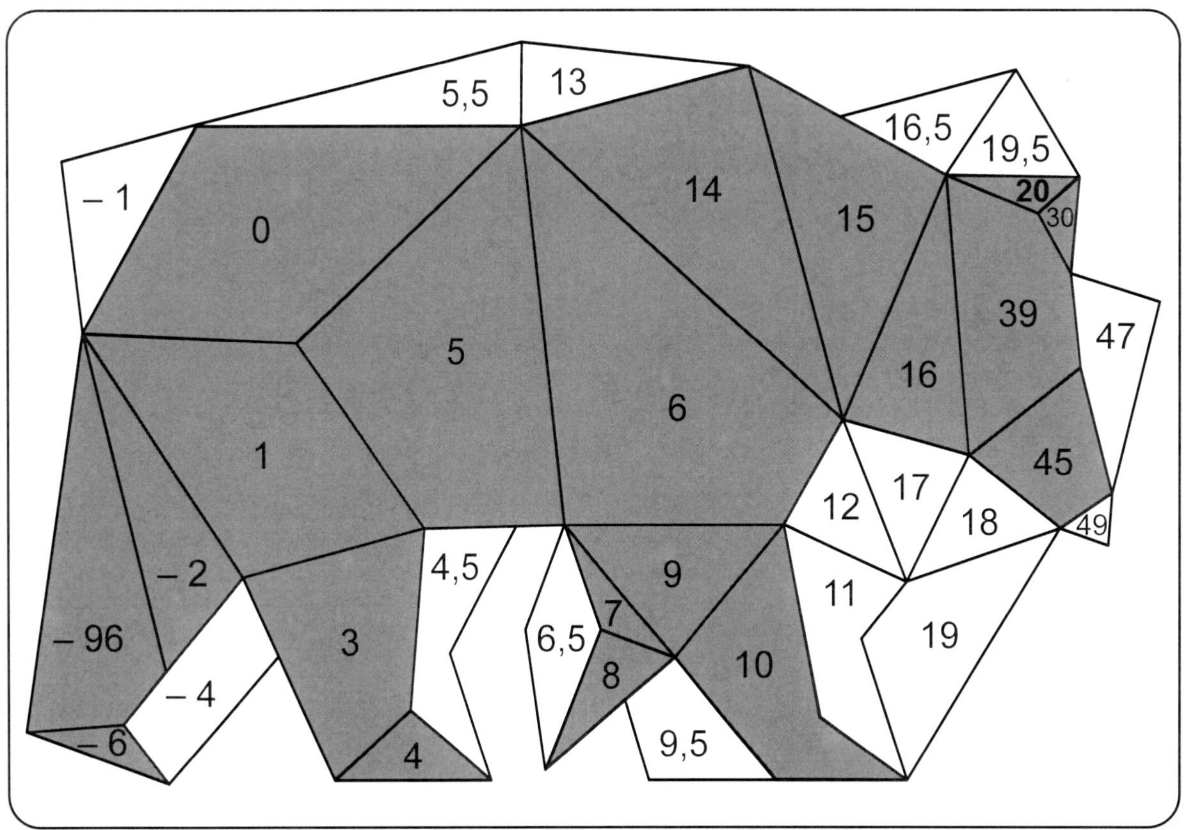

x : 5 + 18 = 22	→	x =	20
x : 3 – 6 = 7	→	x =	39
x : 4 + 13 = 13	→	x =	0
x : 3 – 4 = 11	→	x =	45
x : 8 + 36 = 24	→	x =	– 96
3x : 5 = 9	→	x =	15
5x : 8 = 10	→	x =	16
6x : 7 = 12	→	x =	14
4x : 6 = 20	→	x =	30
9x : 2 = 45	→	x =	10

3x – 2 = 19	→	x =	7
8x – 6 = 26	→	x =	4
6x + 39 = 3	→	x =	– 6
10x – 55 = 25	→	x =	8
9x + 37 = 91	→	x =	6
62 – 4x = 42	→	x =	5
35 + 8x = 19	→	x =	– 2
3 – 5x = – 12	→	x =	3
17 + 3x = 20	→	x =	1
12 + 7x = 75	→	x =	9

AUSMALEN

KOHL VERLAG Mathe-Training 7. Klasse ... zur Festigung & Wiederholung – Bestell-Nr. 12 999

Lineare Gleichungen

Bestimme die x-Werte und male alle Felder mit den x-Werten mit einer Farbe an.

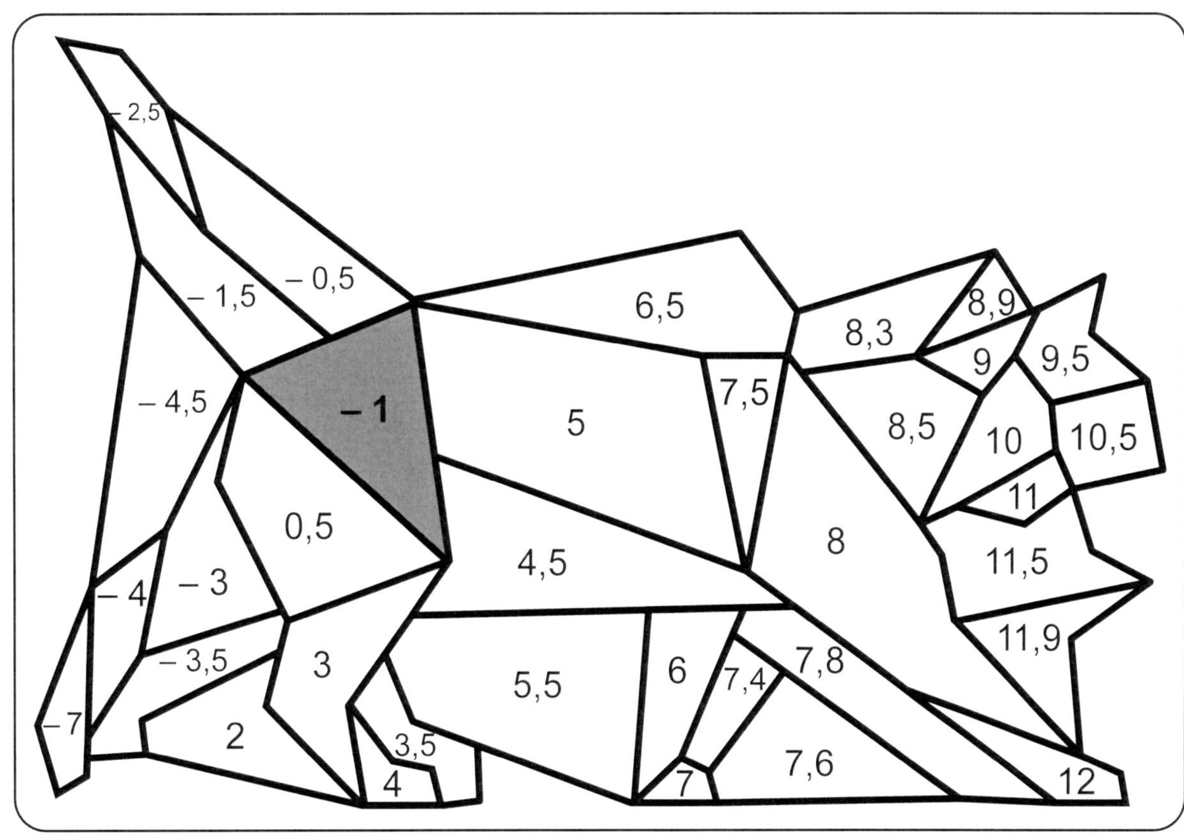

$5x + 2 = 3x$	⟶	$x =$ **– 1**	$42 + 80x = 94x$	⟶	$x =$
$25x - 15 = 31x$	⟶	$x =$	$63 - 2x = 7x$	⟶	$x =$
$36x + 23 = 82x$	⟶	$x =$	$105 + 95x = 80x$	⟶	$x =$
$25x - 51 = 42x$	⟶	$x =$	$117 - 4x = 9x$	⟶	$x =$
$4x + 35 = 11x$	⟶	$x =$	$22{,}5 + 18x = 21x$	⟶	$x =$
$60 - 3x = 12x$	⟶	$x =$	$7x - 150 = -8x$	⟶	$x =$
$96 + 25x = 37x$	⟶	$x =$	$48x + 59{,}5 = 55x$	⟶	$x =$
$78 - 6x = 7x$	⟶	$x =$	$101x - 121 = 90x$	⟶	$x =$
$30 + 80x = 60x$	⟶	$x =$	$35x + 108 = 44x$	⟶	$x =$
$36 - 5x = 3x$	⟶	$x =$	$76x - 32 = 84x$	⟶	$x =$

AUSMALEN

KOHL VERLAG Mathe-Training 7. Klasse ... zur Festigung & Wiederholung – Bestell-Nr. 12 999

– LÖSUNG –

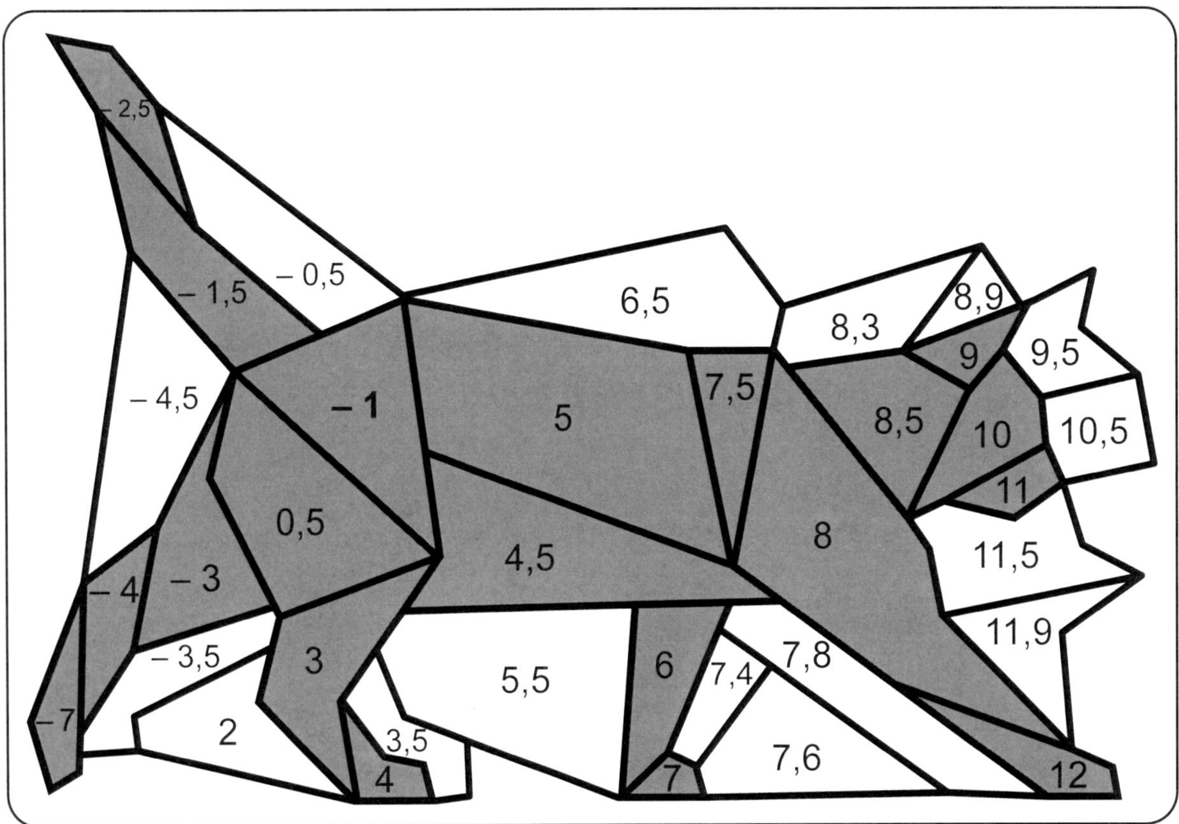

5x + 2 = 3x	⟶	x =	– 1
25x – 15 = 31x	⟶	x =	– 2,5
36x + 23 = 82x	⟶	x =	0,5
25x – 51 = 42x	⟶	x =	– 3
4x + 35 = 11x	⟶	x =	5
60 – 3x = 12x	⟶	x =	4
96 + 25x = 37x	⟶	x =	8
78 – 6x = 7x	⟶	x =	6
30 + 80x = 60x	⟶	x =	– 1,5
36 – 5x = 3x	⟶	x =	4,5

42 + 80x = 94x	⟶	x =	3
63 – 2x = 7x	⟶	x =	7
105 + 95x = 80x	⟶	x =	– 7
117 – 4x = 9x	⟶	x =	9
22,5 + 18x = 21x	⟶	x =	7,5
7x – 150 = – 8x	⟶	x =	10
48x + 59,5 = 55x	⟶	x =	8,5
101x – 121 = 90x	⟶	x =	11
35x + 108 = 44x	⟶	x =	12
76x – 32 = 84x	⟶	x =	– 4

AUSMALEN

Mathe-Training 7. Klasse ... zur Festigung & Wiederholung – Bestell-Nr. 12 999

Quadrat und Rechteck: Inhalt (A) und Umfang (u)

Berechne die fehlenden Größen und ordne aus dem Schlüssel die richtigen Wörter/Silben zu. So erhältst du den Lösungssatz.

Unterscheide zwischen Quadrat (□) und normalem Rechteck (▭).

a □ (Seite a) $A = a \cdot a$, $u = 4 \cdot a$ a ▭ (Seite b) $A = a \cdot b$, $u = 2 \cdot a + 2 \cdot b$

□

a = 6 cm,	A = **36 cm²**	→	Wenn
a = 6 cm,	u = ______	→	______
a = 8 cm,	A = ______	→	______
a = 8 cm,	u = ______	→	______
a = 10 cm,	A = ______	→	______
A = 4 cm²,	a = ______	→	______
u = 4 cm,	a = ______	→	______
A = 16 cm²,	a = ______	→	______
u = 12 cm,	a = ______	→	______

Schlüssel	
1 cm	Hals
2 cm	zum
3 cm	solltest
4 cm	steht
5 cm	hängen
6 cm	noch
7 cm	sen
$8\ cm^2$	Kopf
10 cm	las
12 cm	nicht
$15\ cm^2$	auch
22 cm	den
24 cm	dir
$30\ cm^2$	du
32 cm	Wasser
$36\ cm^2$	Wenn
$64\ cm^2$	das
$100\ cm^2$	bis

▭

a = 5 cm,	b = 6 cm	A = ______	→	______
a = 5 cm,	b = 6 cm	u = ______	→	______
a = 2 cm,	b = 4 cm	A = ______	→	______
a = 2 cm,	b = 4 cm	u = ______	→	______
a = 5 cm,	b = 3 cm	A = ______	→	______
A = 12 cm²,	a = 2 cm	b = ______	→	______
A = 20 cm²,	b = 4 cm	a = ______	→	______
u = 22 cm,	a = 1 cm	b = ______	→	______
u = 22 cm,	b = 4 cm	a = ______	→	______

Lösungssatz:

Wenn ______ ______ ______ ______ ______ ______

______, ______ ______ ______ ______

______ ______ ______ ______ ______–______.

GEHEIMSCHRIFT

Mathe-Training 7. Klasse ... zur Festigung & Wiederholung – Bestell-Nr. 12 999
KOHL VERLAG

Quadrat und Rechteck: Inhalt (A) und Umfang (u)

– LÖSUNG –

Unterscheide zwischen Quadrat (□) und normalem Rechteck (▭).

Quadrat mit Seite a: $A = a \cdot a$, $u = 4 \cdot a$ — Rechteck mit Seiten a und b: $A = a \cdot b$, $u = 2 \cdot a + 2 \cdot b$

□

a = 6 cm,	A =	36 cm^2	→	Wenn
a = 6 cm,	u =	24 cm	→	dir
a = 8 cm,	A =	64 cm^2	→	das
a = 8 cm,	u =	32 cm	→	Wasser
a = 10 cm,	A =	100 cm^2	→	bis
A = 4 cm^2,	a =	2 cm	→	zum
u = 4 cm,	a =	1 cm	→	Hals
A = 16 cm^2,	a =	4 cm	→	steht
u = 12 cm,	a =	3 cm	→	solltest

▭

a = 5 cm,	b = 6 cm	A =	30 cm^2	→	du
a = 5 cm,	b = 6 cm	u =	22 cm	→	den
a = 2 cm,	b = 4 cm	A =	8 cm^2	→	Kopf
a = 2 cm,	b = 4 cm	u =	12 cm	→	nicht
a = 5 cm,	b = 3 cm	A =	15 cm^2	→	auch
A = 12 cm^2,	a = 2 cm	b =	6 cm	→	noch
A = 20 cm^2,	b = 4 cm	a =	5 cm	→	hängen
u = 22 cm,	a = 1 cm	b =	10 cm	→	las
u = 22 cm,	b = 4 cm	a =	7 cm	→	sen

Lösungssatz:

Wenn dir das Wasser bis zum Hals steht, solltest du den Kopf nicht auch noch hängen lassen.

KOHL VERLAG
Mathe-Training 7. Klasse
... zur Festigung & Wiederholung – Bestell-Nr. 12 999

Quadrat und Rechteck: Inhalt (A) und Umfang (u)

Berechne die fehlenden Größen und ordne aus dem Schlüssel die richtigen Wörter/Buchstaben zu. So erhältst du den Lösungssatz.

Unterscheide zwischen Quadrat (□) und normalem Rechteck (▭).

Quadrat (Seite a): $A = a \cdot a$, $u = 4 \cdot a$ Rechteck (Seiten a, b): $A = a \cdot b$, $u = 2 \cdot a + 2 \cdot b$

□ Quadrat

			→	
a = 7 cm,	A =	**49 cm²**	→	Kei
a = 7 cm,	u =	______	→	______
A = 25 cm²,	a =	______	→	______
u = 24 cm,	a =	______	→	______
A = 36 cm²,	u =	______	→	______
u = 36 cm,	A =	______	→	______
A = 4 cm²,	u =	______	→	______
A = 1 cm²,	u =	______	→	______
u = 16 cm,	A =	______	→	______
a = 11 cm,	A =	______	→	______

Schlüssel	
3 cm	als
4 cm	kann
5 cm	ist
6 cm	un
7 cm	schl
8 cm	Er
16 cm²	im
22 cm	ch
24 cm	nü
26 cm	ech
28 cm	ner
30 cm²	spiel
32 cm	tes
42 cm²	die
44 cm	Bei
45 cm²	no
49 cm²	Kei
54 cm²	nen
81 cm²	tz
121 cm²	mer

▭ Rechteck

				→	
a = 9 cm,	b = 5 cm	A =	______	→	______
a = 7 cm,	b = 4 cm	u =	______	→	______
A = 15 cm²,	a = 5 cm	b =	______	→	______
u = 18 cm,	b = 2 cm	a =	______	→	______
A = 36 cm²,	a = 9 cm	u =	______	→	______
A = 48 cm²,	b = 12 cm	u =	______	→	______
A = 40 cm²,	a = 20 cm	u =	______	→	______
u = 22 cm,	a = 6 cm	A =	______	→	______
u = 26 cm,	b = 6 cm	A =	______	→	______
u = 30 cm,	b = 6 cm	A =	______	→	______

GEHEIMSCHRIFT

Lösungssatz:

Kei–____ ____ ____–____–____. ____ ____ ____–____

____ ____ ____–____–____ ____–____

____–____.

KOHL VERLAG Mathe-Training 7. Klasse ... zur Festigung & Wiederholung – Bestell-Nr. 12 999

– LÖSUNG –

Unterscheide zwischen Quadrat (□) und normalem Rechteck (▭).

a □ (Seite a) $A = a \cdot a$, $u = 4 \cdot a$ a ▭ (Seiten a, b) $A = a \cdot b$, $u = 2 \cdot a + 2 \cdot b$

□

a = 7 cm,	A =	49 cm^2	→	Kei
a = 7 cm,	u =	28 cm	→	ner
A = 25 cm^2,	a =	5 cm	→	ist
u = 24 cm,	a =	6 cm	→	un
A = 36 cm^2,	u =	24 cm	→	nü
u = 36 cm,	A =	81 cm^2	→	tz
A = 4 cm^2,	u =	8 cm	→	Er
A = 1 cm^2,	u =	4 cm	→	kann
u = 16 cm,	A =	16 cm^2	→	im
a = 11 cm,	A =	121 cm^2	→	mer

▭

a = 9 cm,	b = 5 cm	A =	45 cm^2	→	no
a = 7 cm,	b = 4 cm	u =	22 cm	→	ch
A = 15 cm^2,	a = 5 cm	b =	3 cm	→	als
u = 18 cm,	b = 2 cm	a =	7 cm	→	schl
A = 36 cm^2,	a = 9 cm	u =	26 cm	→	ech
A = 48 cm^2,	b = 12 cm	u =	32 cm	→	tes
A = 40 cm^2,	a = 20 cm	u =	44 cm	→	Bei
u = 22 cm,	a = 6 cm	A =	30 cm^2	→	spiel
u = 26 cm,	b = 6 cm	A =	42 cm^2	→	die
u = 30 cm,	b = 6 cm	A =	54 cm^2	→	nen

Lösungssatz:

Keiner ist unnütz. Er kann immer noch als schlechtes Beispiel dienen.

KOHL VERLAG Mathe-Training 7. Klasse ... zur Festigung & Wiederholung – Bestell-Nr. 12 999

Quadrat und Rechteck: Inhalt (A) und Umfang (u)

33**

Berechne die fehlenden Größen und ordne aus dem Schlüssel die richtigen Wörter/Buchstaben zu. So erhältst du den Lösungssatz.

Unterscheide zwischen Quadrat (□) und normalem Rechteck (▭).

Quadrat (Seite a): $A = a \cdot a$, $u = 4 \cdot a$ Rechteck (Seiten a, b): $A = a \cdot b$, $u = 2 \cdot a + 2 \cdot b$

	Gegeben	Gesucht	Ergebnis		Wort
□	a = 2,5 cm	A =	**6,25 cm²**	→	Wer
□	a = 2,5 cm	u =		→	
▭	a = 1,5 cm, b = 2,5 cm	A =		→	
▭	a = 1,5 cm, b = 2,5 cm	u =		→	
□	A = 81 cm²	a =		→	
□	u = 80 cm	a =		→	
▭	A = 80 cm², a = 20 cm	b =		→	
▭	u = 80 cm, b = 4 cm	a =		→	
□	A = 121 cm²	a =		→	
▭	u = 120 cm, b = 5 cm	a =		→	
□	u = 98 cm	a =		→	
▭	u = 98 cm, b = 5,25 cm	a =		→	
□	u = 4,4 cm	A =		→	
□	A = 400 cm²	u =		→	
□	A = 144 cm²	u =		→	
▭	u = 12 cm, a = 3,5 cm	A =		→	
▭	A = 4,8 cm², a = 0,6 cm	u =		→	
▭	A = 9,6 cm², b = 1,2 cm	u =		→	

Schlüssel	
1,21 cm²	nur
3,75 cm²	letzt
4 cm	am
8 cm	lacht
6,25 cm²	Wer
8,75 cm²	be
9 cm	lacht
10 cm	zu
11 cm	ten
17,2 cm	grif
18,4 cm	fen
20 cm	nicht
24,5 cm	hat
36 cm	bes
43,75 cm	es
48 cm	eher
55 cm	Er
80 cm	nicht

Lösungssatz:

Wer ______ ______-______ ______, ______ ______

______ ______-______. ______ ______ ______ ______ ______

______ ______-______-______.

GEHEIMSCHRIFT

Mathe-Training 7. Klasse ... zur Festigung & Wiederholung – Bestell-Nr. 12 999
KOHL VERLAG

– LÖSUNG –

Unterscheide zwischen Quadrat (□) und normalem Rechteck (▭).

a □ (Seite a): $A = a \cdot a$, $u = 4 \cdot a$ a ▭ (Seiten a, b): $A = a \cdot b$, $u = 2 \cdot a + 2 \cdot b$

Figur	Gegeben	Gesucht	Ergebnis		Wort
□	a = 2,5 cm	A =	6,25 cm²	→	Wer
□	a = 2,5 cm	u =	10 cm	→	zu
▭	a = 1,5 cm, b = 2,5 cm	A =	3,75 cm²	→	letzt
▭	a = 1,5 cm, b = 2,5 cm	u =	8 cm	→	lacht
□	A = 81 cm²	a =	9 cm	→	lacht
□	u = 80 cm	a =	20 cm	→	nicht
▭	A = 80 cm², a = 20 cm	b =	4 cm	→	am
▭	u = 80 cm, b = 4 cm	a =	36 cm	→	bes
□	A = 121 cm²	a =	11 cm	→	ten
▭	u = 120 cm, b = 5 cm	a =	55 cm	→	Er
□	u = 98 cm	a =	24,5 cm	→	hat
▭	u = 98 cm, b = 5,25 cm	a =	43,75 cm	→	es
□	u = 4,4 cm	A =	1,21 cm²	→	nur
□	A = 400 cm²	u =	80 cm	→	nicht
□	A = 144 cm²	u =	48 cm	→	eher
▭	u = 12 cm, a = 3,5 cm	A =	8,75 cm²	→	be
▭	A = 4,8 cm², a = 0,6 cm	u =	17,2 cm	→	grif
▭	A = 9,6 cm², b = 1,2 cm	u =	18,4 cm	→	fen

Lösungssatz:

Wer zuletzt lacht, lacht nicht am besten. Er hat es nur nicht eher begriffen.

GEHEIMSCHRIFT

KOHL VERLAG Mathe-Training 7. Klasse ... zur Festigung & Wiederholung – Bestell-Nr. 12 999

Würfel: Volumen (V) und Oberfläche (O)

Schneide aus, rechne und lege immer rechts das Teil mit dem passenden Ergebnis an.

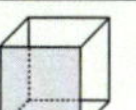

V = a • a • a   O = 6 • a • a

DOMINO

a = 4 cm, V =	54 cm²
a = 3 cm, V =	24 cm²
a = 2 cm, V =	6 cm²
a = 5 cm, V =	96 cm²
1 cm³	a = 1 cm, O =
27 cm³	a = 3 cm, O =
a = 1 cm, V =	START
64 cm³	a = 4 cm, O =
8 cm³	a = 2 cm, O =
a = 10 cm, V =	150 cm²
125 cm³	a = 5 cm, O =
1.000.000 cm³	ENDE
64.000 cm³	a = 40 cm, O =
8000 cm³	a = 20 cm, O =
a = 40 cm, V =	2400 cm²
a = 20 cm, V =	600 cm²
a = 100 cm, V =	9600 cm²
1000 cm³	a = 10 cm, O =

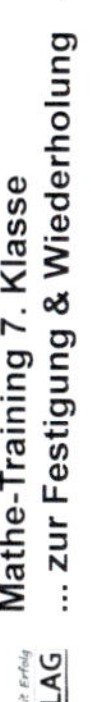

Mathe-Training 7. Klasse
... zur Festigung & Wiederholung – Bestell-Nr. 12 999

– LÖSUNG –

a = 1 cm, V =	$1\ cm^3$	a = 2 cm, V =	$8\ cm^3$	a = 3 cm, V =	$27\ cm^3$	a = 4 cm, V =	$64\ cm^3$	a = 5 cm, V =
START	a = 1 cm, O =	$6\ cm^2$	a = 2 cm, O =	$24\ cm^2$	a = 3 cm, O =	$54\ cm^2$	a = 4 cm, O =	$96\ cm^2$

$125\ cm^3$	a = 10 cm, V =	$1000\ cm^3$	a = 20 cm, V =	$8000\ cm^3$	a = 40 cm, V =	$64.000\ cm^3$	a = 100 cm, V =	$1.000.000\ cm^3$
a = 5 cm, O =	$150\ cm^2$	a = 10 cm, O =	$600\ cm^2$	a = 20 cm, O =	$2400\ cm^2$	a = 40 cm, O =	$9600\ cm^2$	**ENDE**

DOMINO

Würfel: Volumen (V) und Oberfläche (O)

Schneide aus, rechne und lege immer rechts das Teil mit dem passenden Ergebnis an.

V = a • a • a   O = 6 • a • a

$125.000\ cm^3$	$O = 600\ cm^2$, a =
$8\ cm^3$	$V = 1\ cm^3$, a =
$1.000.000\ cm^3$	$O = 5400\ cm^2$, a =
$27\ cm^3$	$V = 125\ cm^3$, a =
a = 100 cm, V =	5 cm
a = 3 cm, V =	1 cm
a = 50 cm, V =	30 cm
a = 2 cm, V =	**START**
a = 5 cm, V =	10 cm

$125\ cm^3$	$O = 2400\ cm^2$, a =
a = 50 cm, O =	2 cm
$24\ cm^2$	$O = 96\ cm^2$, a =
a = 5 cm, O =	3 cm
$60.000\ cm^2$	$V = 27\ cm^3$, a =
a = 100 cm, O =	4 cm
$150\ cm^2$	$V = 8\ cm^3$, a =
a = 2 cm, O =	20 cm
$15.000\ cm^2$	**ENDE**

DOMINO

Mathe-Training 7. Klasse ... zur Festigung & Wiederholung – Bestell-Nr. 12 999

– LÖSUNG –

a = 2 cm, V =	8 cm³	a = 3 cm, V =	27 cm³	a = 100 cm, V =	1.000.000 cm³	a = 50 cm, V =	125.000 cm³	a = 5 cm, V =
START	V = 1 cm³, a =	1 cm	V = 125 cm³, a =	5 cm	O = 5400 cm², a =	30 cm	O = 600 cm², a =	10 cm

125 cm³	a = 2 cm, O =	24 cm²	a = 100 cm, O =	60.000 cm²	a = 5 cm, O =	150 cm²	a = 50 cm, O =	15.000 cm²
O = 2400 cm², a =	20 cm	O = 96 cm², a =	4 cm	V = 27 cm³, a =	3 cm	V = 8 cm³, a =	2 cm	**ENDE**

DOMINO

Mathe-Training 7. Klasse ... zur Festigung & Wiederholung – Bestell-Nr. 12 999

Würfel: Volumen (V) und Oberfläche (O)

Schneide aus, rechne und lege immer rechts das Teil mit dem passenden Ergebnis an.

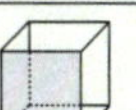

V = a • a • a O = 6 • a • a

DOMINO

1	$V = 8\ cm^3$, a =	3 cm
2	4 cm	$O = 216\ cm^2$, V =
3	40 cm	$O = 54\ cm^2$, a =
4	30 cm	$O = 150\ cm^2$, V =
5	$V = 64.000\ cm^3$, a =	**START**
6	2 cm	$V = 1000\ cm^3$, O =
7	$V = 8000\ cm^3$, a =	$216\ cm^3$
8	$V = 64\ cm^3$, a =	$125\ cm^3$
9	$V = 27.000\ cm^3$, a =	$600\ cm^2$
10	20 cm	$O = 24\ cm^2$, V =
11	$O = 6\ cm^2$, a =	$512\ cm^3$
12	10 cm	$O = 96\ cm^2$, V =
13	$O = 15.000\ cm^2$, a =	$64\ cm^3$
14	50 cm	$O = 384\ cm^2$, V =
15	$O = 600\ cm^2$, a =	$343\ cm^3$
16	$O = 216\ cm^2$, a =	$8\ cm^3$
17	6 cm	$O = 294\ cm^2$, V =
18	1 cm	**ENDE**

Mathe-Training 7. Klasse
... zur Festigung & Wiederholung – Bestell-Nr. 12 999

– LÖSUNG –

V = 64.000 cm^3, a =	40 cm	V = 8 cm^3, a =	2 cm	V = 27.000 cm^3, a =	30 cm	V = 64 cm^3, a =	4 cm	V = 8000 cm^3, a =
START	O = 54 cm^2, a =	3 cm	V = 1000 cm^3, O =	600 cm^2	O = 150 cm^2, V =	125 cm^3	O = 216 cm^2, V =	216 cm^3

20 cm	O = 216 cm^2, a =	6 cm	O = 600 cm^2, a =	10 cm	O = 15.000 cm^2, a =	50 cm	O = 6 cm^2, a =	1 cm
O = 24 cm^2, V =	8 cm^3	O = 294 cm^2, V =	343 cm^3	O = 96 cm^2, V =	64 cm^3	O = 384 cm^2, V =	512 cm^3	ENDE

DOMINO

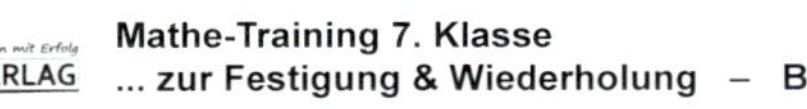

Mathe-Training 7. Klasse
... zur Festigung & Wiederholung – Bestell-Nr. 12 999

Arithmetisches Mittel

Bestimme den Mittelwert und verbinde die Punkte bei den Ergebniszahlen in der Reihenfolge der Aufgaben.

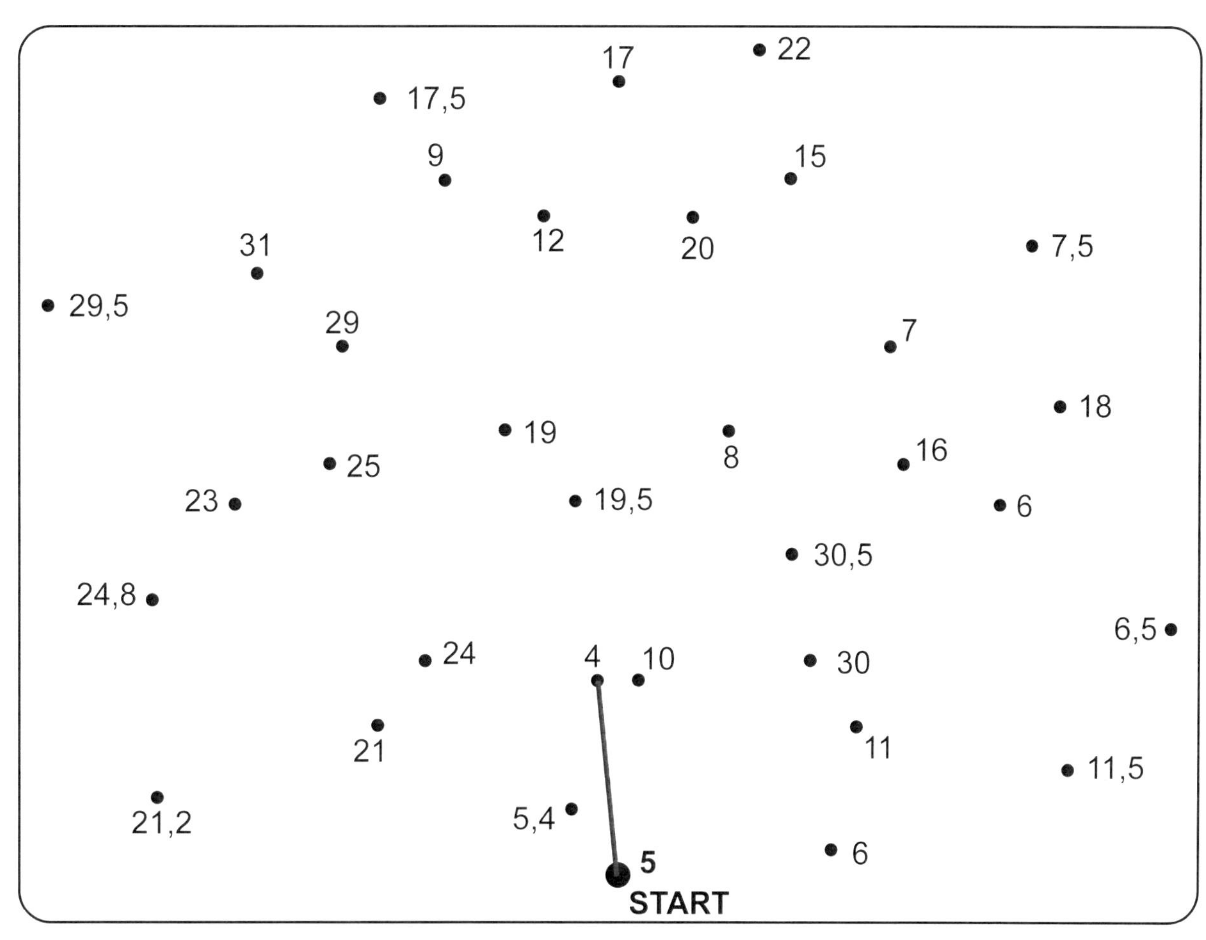

START

Werte	Mittelwert
3 kg und 7 kg	**5 kg**
8 kg und 12 kg	
2 kg und 20 kg	
15 kg und 45 kg	
3 kg und 9 kg	
12 kg und 20 kg	
6 kg und 8 kg	
4 kg und 12 kg	
5 kg und 25 kg	
10 kg und 30 kg	

Werte	Mittelwert
25 kg und 9 kg	
18 kg und 6 kg	
6 kg und 12 kg	
21 kg und 17 kg	
33 kg und 25 kg	
9 kg und 41 kg	
7 kg und 39 kg	
14 kg und 34 kg	
22 kg und 20 kg	
7 kg und 1 kg	

ENDE

BILD AUS PUNKTEN

KOHL VERLAG Mathe-Training 7. Klasse ... zur Festigung & Wiederholung – Bestell-Nr. 12 999

– LÖSUNG –

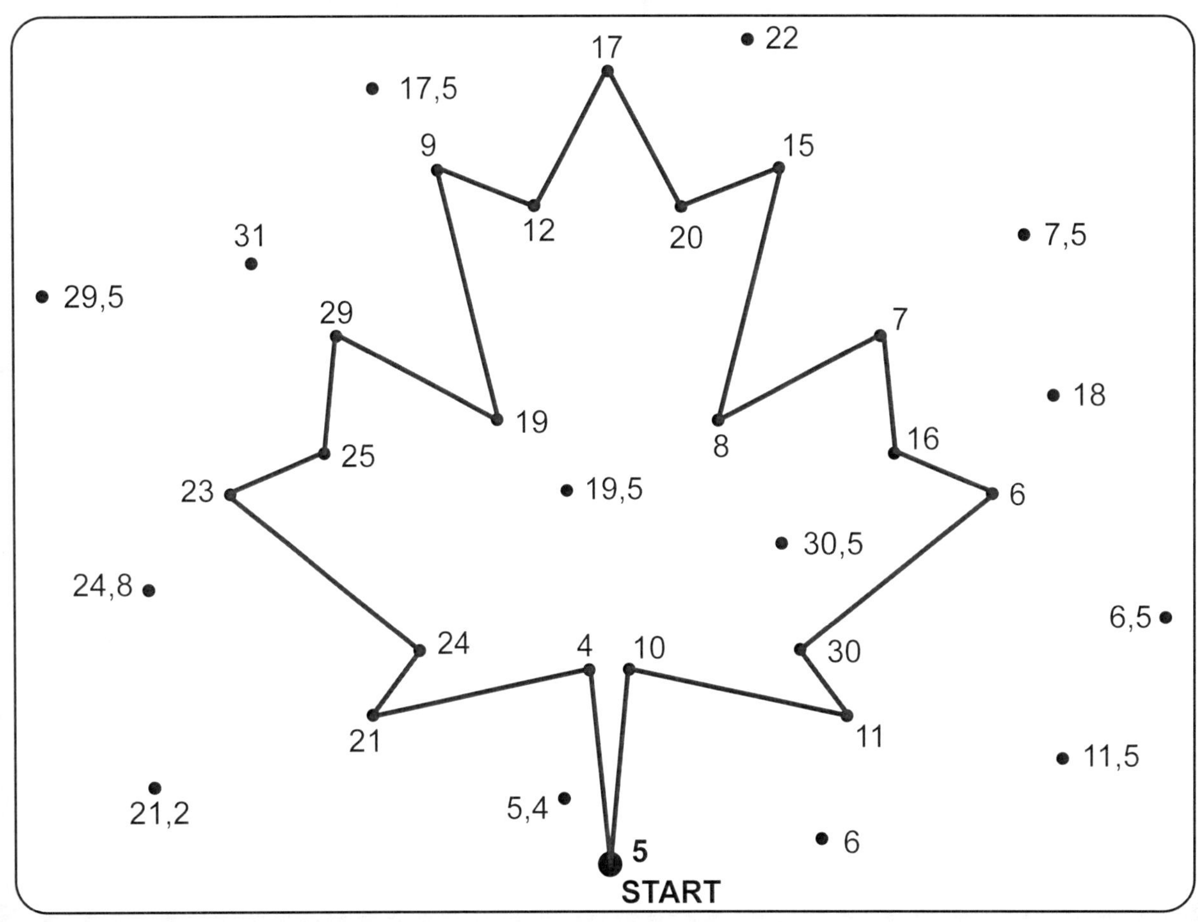

START

Werte	Mittelwert
3 kg und 7 kg	5 kg
8 kg und 12 kg	10 kg
2 kg und 20 kg	11 kg
15 kg und 45 kg	30 kg
3 kg und 9 kg	6 kg
12 kg und 20 kg	16 kg
6 kg und 8 kg	7 kg
4 kg und 12 kg	8 kg
5 kg und 25 kg	15 kg
10 kg und 30 kg	20 kg

Werte	Mittelwert
25 kg und 9 kg	17 kg
18 kg und 6 kg	12 kg
6 kg und 12 kg	9 kg
21 kg und 17 kg	19 kg
33 kg und 25 kg	29 kg
9 kg und 41 kg	25 kg
7 kg und 39 kg	23 kg
14 kg und 34 kg	24 kg
22 kg und 20 kg	21 kg
7 kg und 1 kg	4 kg

ENDE

BILD AUS PUNKTEN

KOHL VERLAG Mathe-Training 7. Klasse ... zur Festigung & Wiederholung – Bestell-Nr. 12 999

Arithmetisches Mittel

Bestimme den Mittelwert und verbinde die Punkte bei den Ergebniszahlen in der Reihenfolge der Aufgaben.

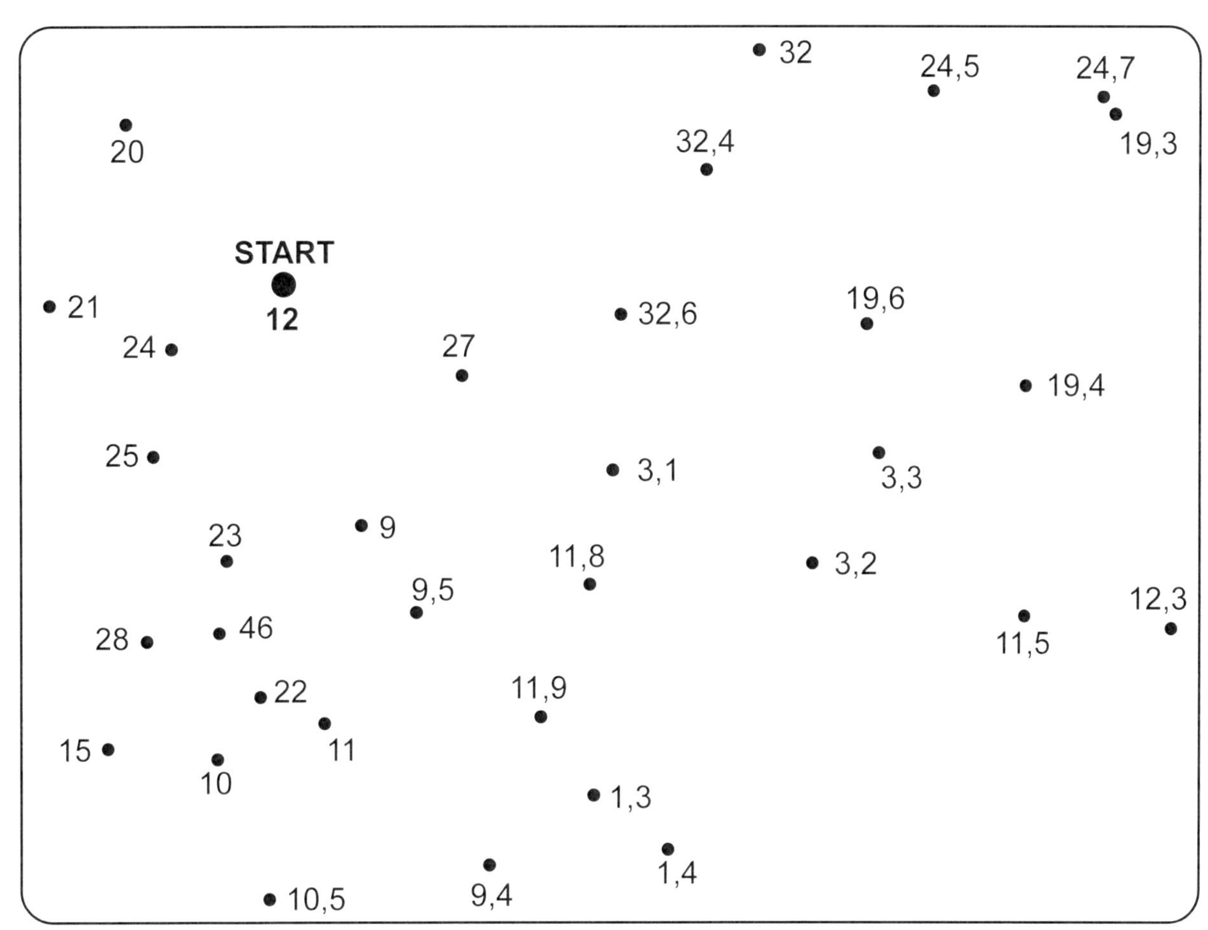

START

Werte	Mittelwert
8 | 12 | 16	**12**
15 | 24 | 33	
3 | 4 | 20	
28 | 15 | 26	
18 | 23 | 43	
36 | 44 | 58	
14 | 25 | 6	
12 | 17 | 37	
9 | 14 | 7	
4 | 17 | 12	

Werte	Mittelwert
11,7 | 8,5 | 8,3	
10,7 | 8,1 | 9,4	
0,1 | 0,5 | 3,3	
21,8 | 10,9 | 2,7	
5,8 | 2,5 | 1,6	
12,4 | 19 | 26,5	
3,2 | 70,4 | 0,5	
4,9 | 90 | 2,3	
61,2 | 4,2 | 15,6	
8,1 | 21 | 6,9	

ENDE

BILD AUS PUNKTEN

KOHL VERLAG Mathe-Training 7. Klasse ... zur Festigung & Wiederholung – Bestell-Nr. 12 999

– LÖSUNG –

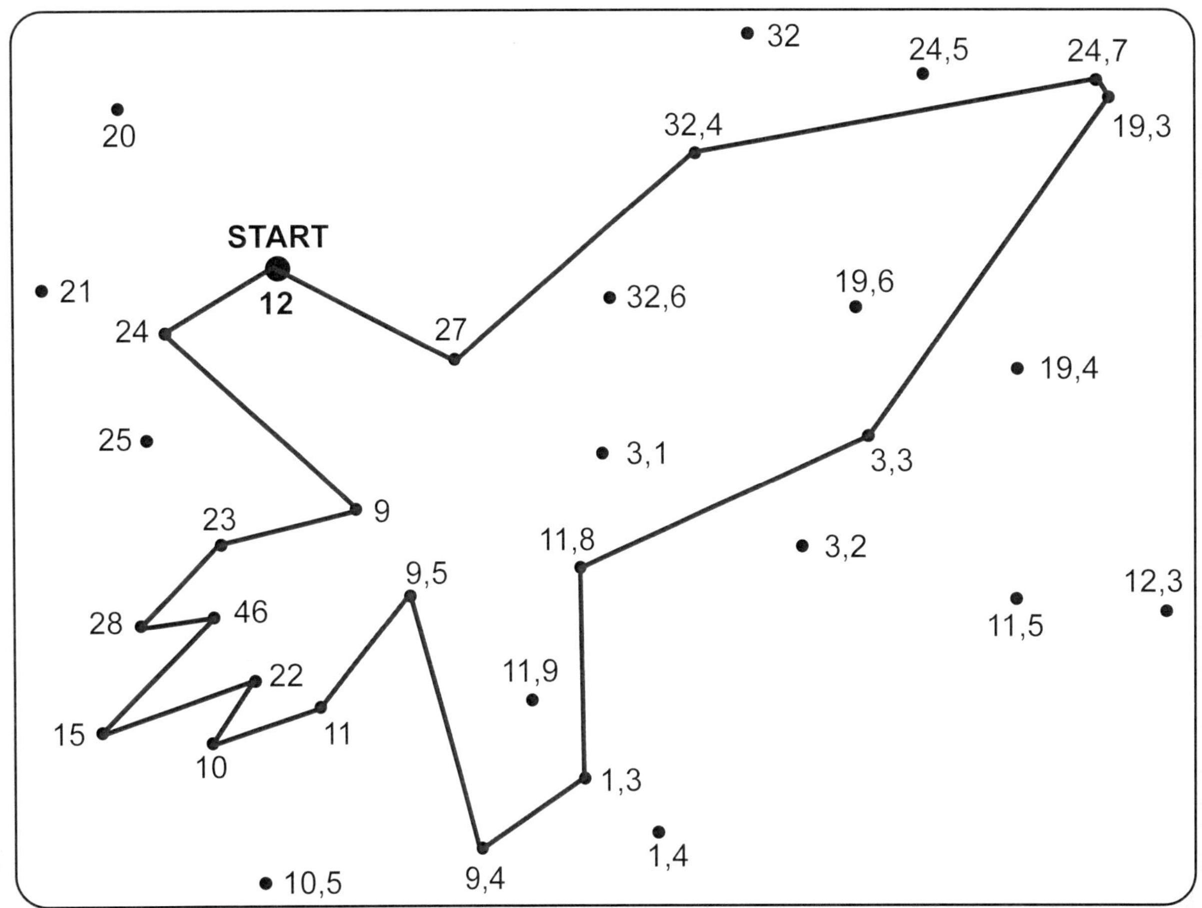

START

Werte	Mittelwert
8 | 12 | 16	12
15 | 24 | 33	24
3 | 4 | 20	9
28 | 15 | 26	23
18 | 23 | 43	28
36 | 44 | 58	46
14 | 25 | 6	15
12 | 17 | 37	22
9 | 14 | 7	10
4 | 17 | 12	11

Werte	Mittelwert
11,7 | 8,5 | 8,3	9,5
10,7 | 8,1 | 9,4	9,4
0,1 | 0,5 | 3,3	1,3
21,8 | 10,9 | 2,7	11,8
5,8 | 2,5 | 1,6	3,3
12,4 | 19 | 26,5	19,3
3,2 | 70,4 | 0,5	24,7
4,9 | 90 | 2,3	32,4
61,2 | 4,2 | 15,6	27
8,1 | 21 | 6,9	12

ENDE

BILD AUS PUNKTEN

KOHL VERLAG Mathe-Training 7. Klasse ... zur Festigung & Wiederholung – Bestell-Nr. 12 999

Arithmetisches Mittel

39**

Bestimme den Mittelwert und verbinde die Punkte bei den Ergebniszahlen in der Reihenfolge der Aufgaben.

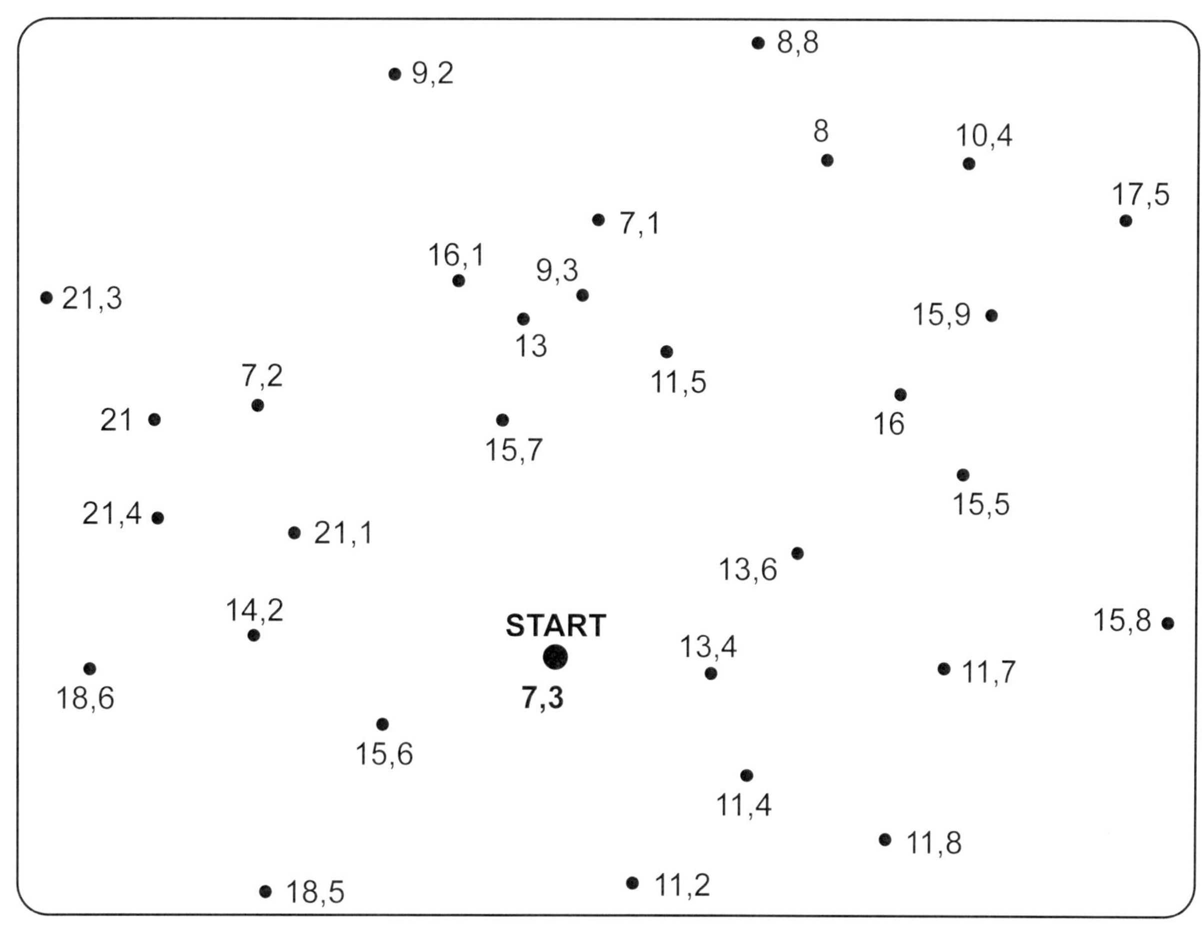

START

Werte	Mittelwert
5,9 | 8,7 | 7,2 | 7,4	**7,3**
20,7 | 21,7 | 2,8 | 0,4	
8,0 | 18,0 | 19,2 | 9,2	
0,3 | 20,4 | 10,8 | 30,5	
22,7 | 12,7 | 2,4 | 25,8	
17,8 | 17,7 | 17,3 | 17,2	
3,5 | 4,6 | 12,5 | 21	
11,2 | 15 | 0,9 | 4,9	
15,4 | 9,2 | 19,2 | 2,2	
3,3 | 18,6 | 2,1 | 4,4	

Werte	Mittelwert
0,4 | 10,1 | 20,3 | 6,4	
25,5 | 15,5 | 10,5 | 0,5	
16,1 | 40,2 | 2,4 | 5,7	
50,8 | 2,8 | 3,4 | 5,8	
24,1 | 1,1 | 1,9 | 1,7	
16,3 | 14,2 | 55 | 0,1	
37,4 | 22,1 | 4,7 | 10,2	
44,2 | 2,9 | 8,4 | 1,3	
33,5 | 16,9 | 2,7 | 9,3	
11,4 | 2,5 | 6,6 | 8,7	

ENDE

BILD AUS PUNKTEN

Mathe-Training 7. Klasse ... zur Festigung & Wiederholung – Bestell-Nr. 12 999
KOHL VERLAG

– LÖSUNG –

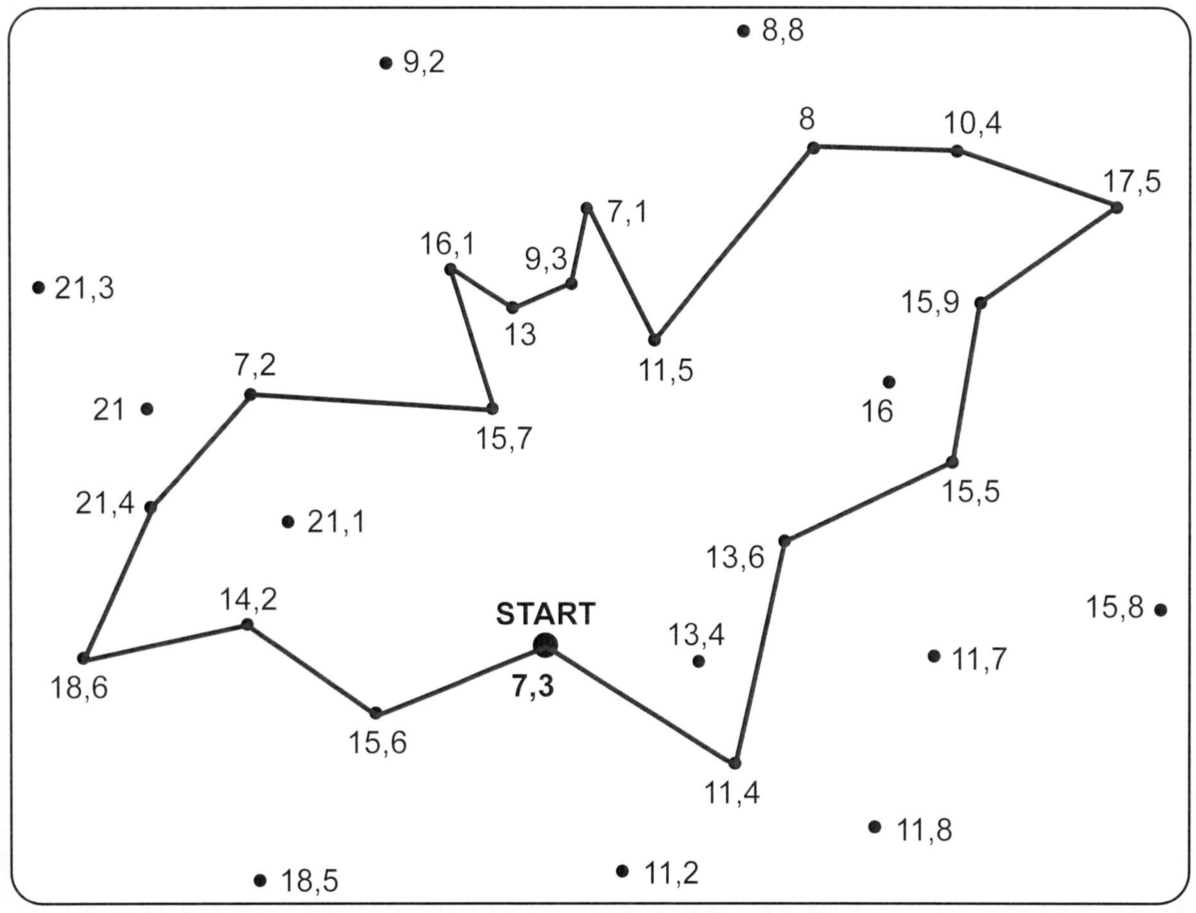

START

Werte	Mittelwert
5,9 | 8,7 | 7,2 | 7,4	7,3
20,7 | 21,7 | 2,8 | 0,4	11,4
8,0 | 18,0 | 19,2 | 9,2	13,6
0,3 | 20,4 | 10,8 | 30,5	15,5
22,7 | 12,7 | 2,4 | 25,8	15,9
17,8 | 17,7 | 17,3 | 17,2	17,5
3,5 | 4,6 | 12,5 | 21	10,4
11,2 | 15 | 0,9 | 4,9	8
15,4 | 9,2 | 19,2 | 2,2	11,5
3,3 | 18,6 | 2,1 | 4,4	7,1

Werte	Mittelwert
0,4 | 10,1 | 20,3 | 6,4	9,3
25,5 | 15,5 | 10,5 | 0,5	13
16,1 | 40,2 | 2,4 | 5,7	16,1
50,8 | 2,8 | 3,4 | 5,8	15,7
24,1 | 1,1 | 1,9 | 1,7	7,2
16,3 | 14,2 | 55 | 0,1	21,4
37,4 | 22,1 | 4,7 | 10,2	18,6
44,2 | 2,9 | 8,4 | 1,3	14,2
33,5 | 16,9 | 2,7 | 9,3	15,6
11,4 | 2,5 | 6,6 | 8,7	7,3

ENDE

BILD AUS PUNKTEN

Mathe-Training 7. Klasse ... zur Festigung & Wiederholung – Bestell-Nr. 12 999
KOHL VERLAG

Zuordnungen erkennen

40

Rechne und male alle Felder mit den richtigen Ergebnissen mit einer Farbe an.

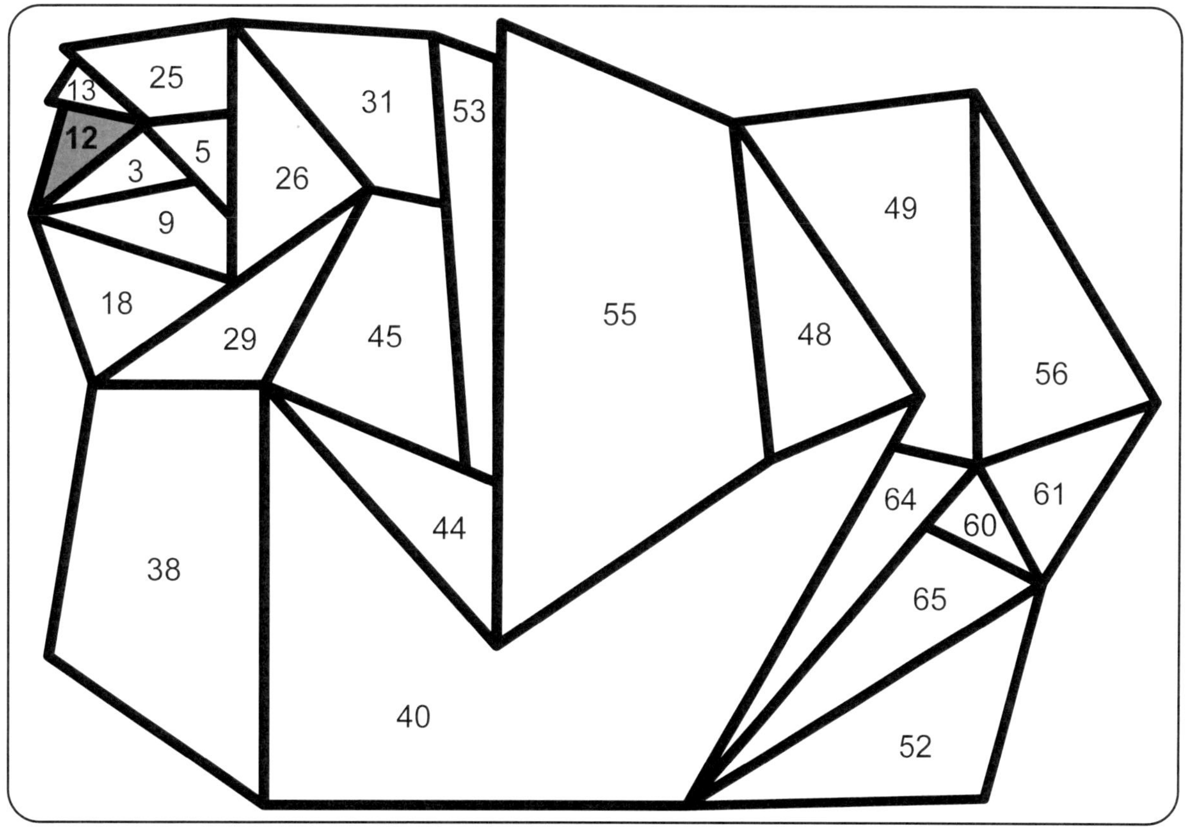

– Beschreibung **– Zuordnung**	**proportional**		**anti-proportional**	
Jeder Liter Benzin kostet 2 €. **Kraftstoffmenge → Preis**	x	**12**		18
Jedes Cent-Stück wiegt 2 g. **Anzahl der Cent-Stücke → Gewicht**		26		31
Ein bestimmter Futtervorrat reicht für 10 Pferde 50 Tage. **Anzahl der Pferde → Anzahl der Tage**		5		44
Die Kopfhaare wachsen jeden Monat um 2 cm. **Wachsdauer der Haare → Haarlänge**		53		56
100 Seiten Kopierpapier sind 1 cm dick. **Seitenzahl → Stapeldicke**		29		48
Am Sportunterricht nehmen 24 Kinder teil. **Anzahl der Riegen → Kinderzahl je Riege**		61		13
Der Bus kostet für 1 Tag 500 €, egal wie viele mitfahren. **Teilnehmerzahl → Einzelpreis**		52		64
Eine Laufrunde im Stadion ist 500 m lang. **Laufrunden → Streckenlänge**		40		49
Stundenlohn: 15 €. **Arbeitszeit → Verdienst**		65		3
Auf einen LKW passen 20 t Erde. Es müssen 10.000 t abtransportiert werden. **Anzahl der LKW → Zeit**		9		55
1 Briefmarke kostet 90 ct. **Briefmarkenzahl → Gesamtpreis**		38		60
Eine Mietwohnung kostet je Monat 800 €. **Mietdauer → Preis**		25		45

AUSMALEN

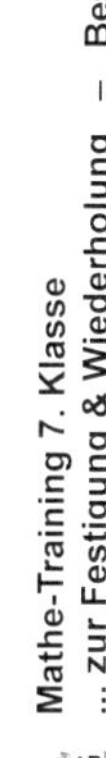

Mathe-Training 7. Klasse ... zur Festigung & Wiederholung – Bestell-Nr. 12 999

– LÖSUNG –

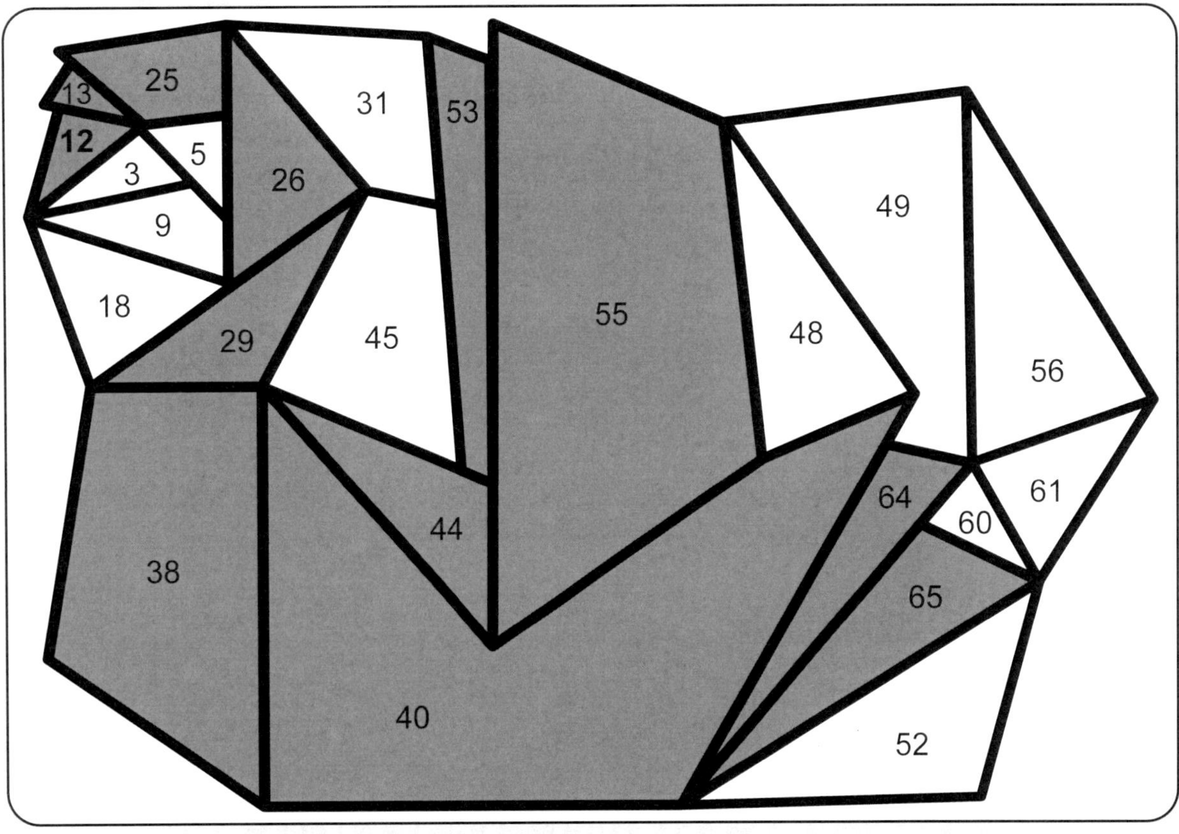

– Beschreibung **– Zuordnung**	**proportional**		**anti-proportional**	
Jeder Liter Benzin kostet 2 €. **Kraftstoffmenge → Preis**	**x**	**12**		18
Jedes Cent-Stück wiegt 2 g. **Anzahl der Cent-Stücke → Gewicht**	**x**	**26**		31
Ein bestimmter Futtervorrat reicht für 10 Pferde 50 Tage. **Anzahl der Pferde → Anzahl der Tage**		5	**x**	**44**
Die Kopfhaare wachsen jeden Monat um 2 cm. **Wachsdauer der Haare → Haarlänge**	**x**	**53**		56
100 Seiten Kopierpapier sind 1 cm dick. **Seitenzahl → Stapeldicke**	**x**	**29**		48
Am Sportunterricht nehmen 24 Kinder teil. **Anzahl der Riegen → Kinderzahl je Riege**		61	**x**	**13**
Der Bus kostet für 1 Tag 500 €, egal wie viele mitfahren. **Teilnehmerzahl → Einzelpreis**		52	**x**	**64**
Eine Laufrunde im Stadion ist 500 m lang. **Laufrunden → Streckenlänge**	**x**	**40**		49
Stundenlohn: 15 €. **Arbeitszeit → Verdienst**	**x**	**65**		3
Auf einen LKW passen 20 t Erde. Es müssen 10.000 t abtransportiert werden. **Anzahl der LKW → Zeit**		9	**x**	**55**
1 Briefmarke kostet 90 ct. **Briefmarkenzahl → Gesamtpreis**	**x**	**38**		60
Eine Mietwohnung kostet je Monat 800 €. **Mietdauer → Preis**	**x**	**25**		45

AUSMALEN

Mathe-Training 7. Klasse ... zur Festigung & Wiederholung – Bestell-Nr. 12 999
KOHL VERLAG

Zuordnungen erkennen

Rechne und male alle Felder mit den richtigen Ergebnissen mit einer Farbe an.

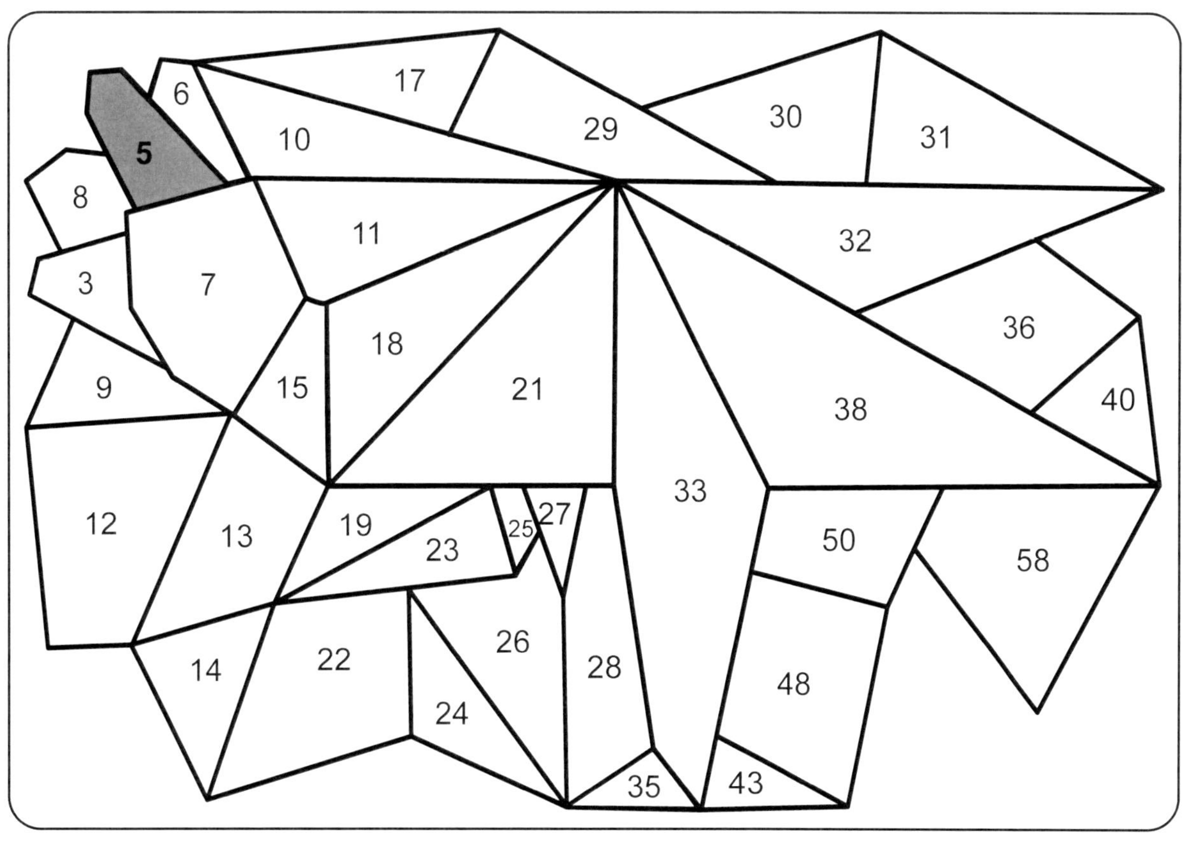

– Beschreibung **– Zuordnung**	pro- portional		anti-pro- portional		keines von beiden	
5 l Wasser wiegen 5 kg. **Wassermenge → Gewicht**	x	5		9		12
1 Brief bis 20 g kostet 90 ct, 1 Brief ab 21 g kostet 110 ct. **Briefgewicht → Porto**		10		28		15
1 US-Dollar kostet 87 Euro-Cent. **Dollars → Euros**		27		40		22
100 m mit verschiedenen Schrittlängen zurücklegen. **Schrittlänge → Schrittzahl**		36		6		50
100.000 € Lottogewinn, ausgezahlt an mehrere Gewinner. **Anzahl der Gewinner → Auszahlungsbetrag**		29		38		31
Ein 26er Fahrradreifen kostet 25 €, ein 28er Reifen auch. **Reifengröße → Kaufpreis der Reifen**		23		30		21
Eine Bank gibt 2 % Zinsen. **Sparguthaben → Zinsertrag**		33		8		48
Ein 90 cm großes Kind wiegt 20 kg. **Körpergröße → Gewicht**		13		26		35
Der Umfang eines Rades ist 1,50 m. **Anzahl der Radumdrehungen → Fahrstrecke**		25		14		32
Freitagnacht wurden in 10 Minuten 5 Sternschnuppen gezählt, in der nächsten Nacht nur eine einzige. **Sternschnuppenzahl → Zeitdauer**		58		17		3
Bei 50 km/h braucht ein Auto für 100 km 2 Stunden. Ein anderes Auto fährt dieselbe Strecke doppelt so schnell. **Geschwindigkeit → Fahrzeit**		43		7		19
Ein Satellit braucht 90 min für jede Erdumkreisung. **Anzahl der Umkreisungen → Zeit**		18		24		11

AUSMALEN

Mathe-Training 7. Klasse ... zur Festigung & Wiederholung – Bestell-Nr. 12 999
KOHL VERLAG

– LÖSUNG –

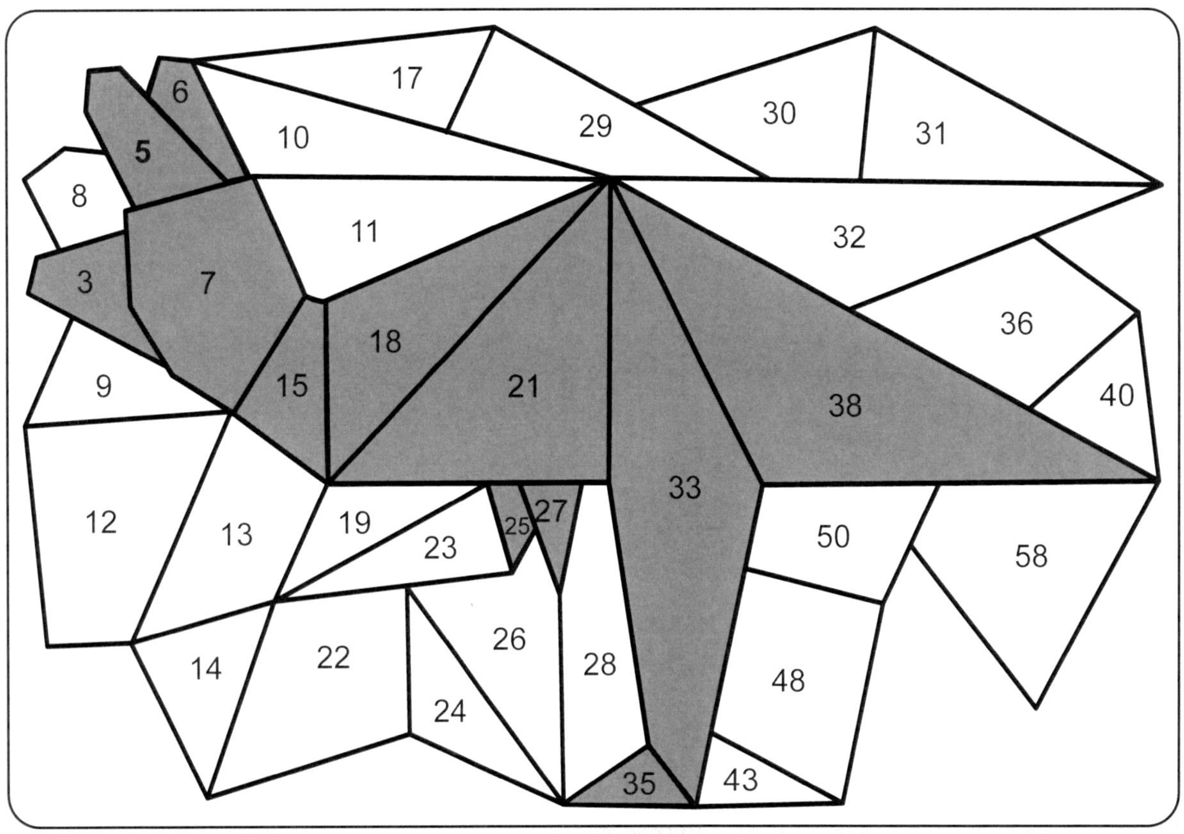

– Beschreibung **– Zuordnung**	pro- portional		anti-pro- portional		keines von beiden	
5 l Wasser wiegen 5 kg. **Wassermenge → Gewicht**	**x**	**5**		9		12
1 Brief bis 20 g kostet 90 ct, 1 Brief ab 21 g kostet 110 ct. **Briefgewicht → Porto**		10		28	**x**	**15**
1 US-Dollar kostet 87 Euro-Cent. **Dollars → Euros**	**x**	**27**		40		22
100 m mit verschiedenen Schrittlängen zurücklegen. **Schrittlänge → Schrittzahl**		36	**x**	**6**		50
100.000 € Lottogewinn, ausgezahlt an mehrere Gewinner. **Anzahl der Gewinner → Auszahlungsbetrag**		29	**x**	**38**		31
Ein 26er Fahrradreifen kostet 25 €, ein 28er Reifen auch. **Reifengröße → Kaufpreis der Reifen**		23		30	**x**	**21**
Eine Bank gibt 2 % Zinsen. **Sparguthaben → Zinsertrag**	**x**	**33**		8		48
Ein 90 cm großes Kind wiegt 20 kg. **Körpergröße → Gewicht**		13		26	**x**	**35**
Der Umfang eines Rades ist 1,50 m. **Anzahl der Radumdrehungen → Fahrstrecke**	**x**	**25**		14		32
Freitagnacht wurden in 10 Minuten 5 Sternschnuppen gezählt, in der nächsten Nacht nur eine einzige. **Sternschnuppenzahl → Zeitdauer**		58		17	**x**	**3**
Bei 50 km/h braucht ein Auto für 100 km 2 Stunden. Ein anderes Auto fährt dieselbe Strecke doppelt so schnell. **Geschwindigkeit → Fahrzeit**		43	**x**	**7**		19
Ein Satellit braucht 90 min für jede Erdumkreisung. **Anzahl der Umkreisungen → Zeit**	**x**	**18**		24		11

AUSMALEN

Mathe-Training 7. Klasse ... zur Festigung & Wiederholung – Bestell-Nr. 12 999
KOHL VERLAG

Zuordnungen erkennen

Rechne und male alle Felder mit den richtigen Ergebnissen mit einer Farbe an.

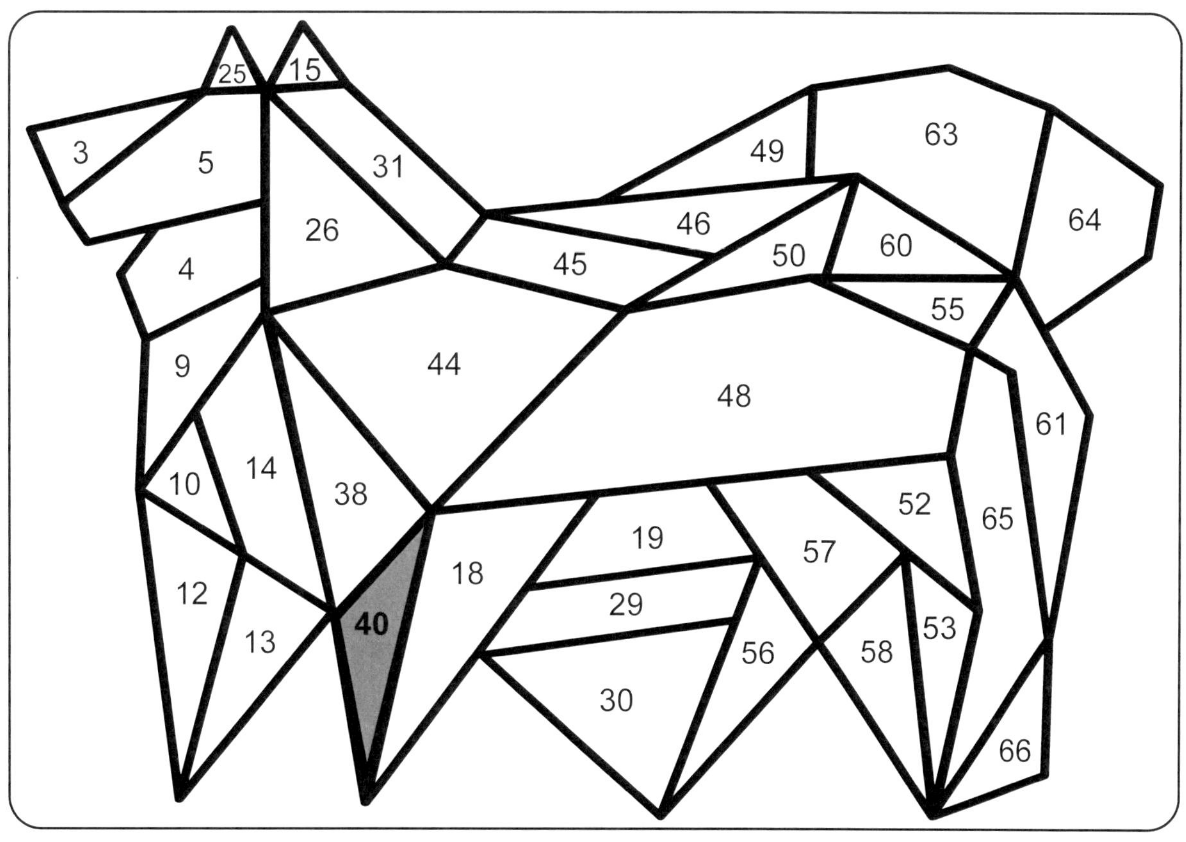

– Beschreibung **– Zuordnung**	pro- portional		anti-pro- portional		keines von beiden	
Ein Leihwagen kostet für 1 Tag 35 €, für 1 Woche nur 150 €. **Mietkosten → Mietdauer**		56		18	x	**40**
1 Stunde parken für 2 €, ½ Stunde auch für 2 €. **Parkzeit → Preis**		3		9		53
Ein Rechteck mit einer bestimmten Flächengröße soll auf verschiedene Weise gezeichnet werden. **Seitenlänge a → Seitenlänge b**		49		25		14
Wächst der Mensch immer weiter bis zum Tod? **Alter → Größe**		46		63		31
Eine Flasche Saft wiegt 950 g. **Anzahl der Flaschen → Gewicht**		52		13		58
Verbrauchen rote Autos mehr als grüne Autos? **Autofarbe → Benzinverbrauch**		65		4		5
Ein Bagger braucht zum Ausheben der Grube 10 Tage. **Anzahl der Bagger → Arbeitszeit**		57		44		66
Eine dickbauchige Vase wird mit Wasser gefüllt. **Wasserhöhe → Füllmenge**		29		15		61
Die Handy-Flatrate kostet für einen Monat 15 €. **Gesprächsdauer → Preis je Gespräch**		10		45		48
Ein Würfel wird mit Wasser gefüllt. **Wasserhöhe → Füllmenge**		38		50		64
Ein mit 2 Pers. besetztes Auto braucht für 100 km 1 Stunde. **Personenzahl → Fahrtdauer**		19		60		55
Um 8 Uhr hat der Kranke 39°C Fieber, um 12 Uhr noch 38°C. **Tageszeit → Fieber**		12		30		26

AUSMALEN

Mathe-Training 7. Klasse ... zur Festigung & Wiederholung – Bestell-Nr. 12 999
KOHL VERLAG

Zuordnungen erkennen

42**

– LÖSUNG –

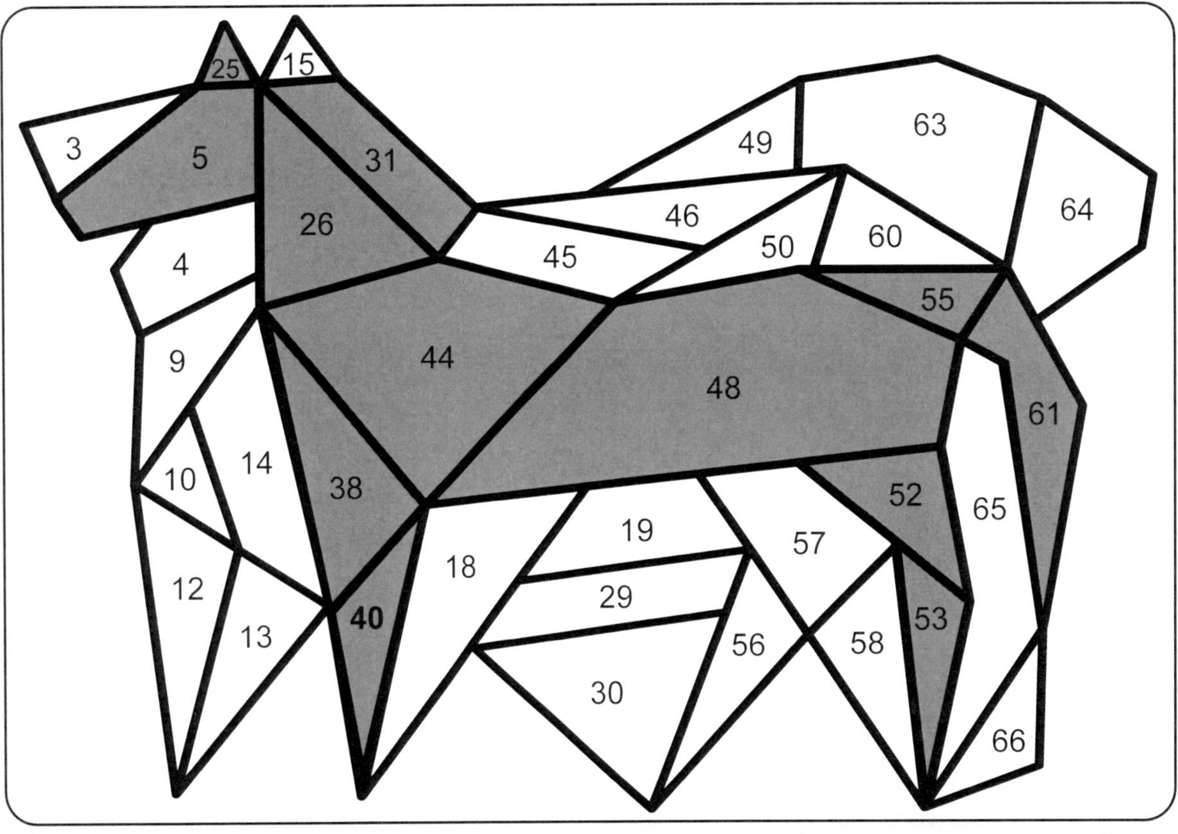

– Beschreibung **– Zuordnung**	**pro-portional**		**anti-pro-portional**		**keines von beiden**	
Ein Leihwagen kostet für 1 Tag 35 €, für 1 Woche nur 150 €. **Mietkosten → Mietdauer**		56		18	**x**	**40**
1 Stunde parken für 2 €, ½ Stunde auch für 2 €. **Parkzeit → Preis**		3		9	**x**	**53**
Ein Rechteck mit einer bestimmten Flächengröße soll auf verschiedene Weise gezeichnet werden. **Seitenlänge a → Seitenlänge b**		49	**x**	**25**		14
Wächst der Mensch immer weiter bis zum Tod? **Alter → Größe**		46		63	**x**	**31**
Eine Flasche Saft wiegt 950 g. **Anzahl der Flaschen → Gewicht**	**x**	**52**		13		58
Verbrauchen rote Autos mehr als grüne Autos? **Autofarbe → Benzinverbrauch**		65		4	**x**	**5**
Ein Bagger braucht zum Ausheben der Grube 10 Tage. **Anzahl der Bagger → Arbeitszeit**		57	**x**	**44**		66
Eine dickbauchige Vase wird mit Wasser gefüllt. **Wasserhöhe → Füllmenge**		29		15	**x**	**61**
Die Handy-Flatrate kostet für einen Monat 15 €. **Gesprächsdauer → Preis je Gespräch**		10		45	**x**	**48**
Ein Würfel wird mit Wasser gefüllt. **Wasserhöhe → Füllmenge**	**x**	**38**		50		64
Ein mit 2 Pers. besetztes Auto braucht für 100 km 1 Stunde. **Personenzahl → Fahrtdauer**		19		60	**x**	**55**
Um 8 Uhr hat der Kranke 39°C Fieber, um 12 Uhr noch 38°C. **Tageszeit → Fieber**		12		30	**x**	**26**

AUSMALEN

Mathe-Training 7. Klasse ... zur Festigung & Wiederholung – Bestell-Nr. 12 999
KOHL VERLAG

Ordne Texte, Fragen und Ergebnisse richtig zu und nummeriere entsprechend. Spaltenweise von oben nach unten gelesen ergibt sich aus den Buchstaben der Spalten der Lösungssatz.

	Text 1		Text 2		Frage		Zahl		Benennung
1 M	Mutter tankt für 60 € Benzin.	T	Eine Runde auf dem Sportplatz ist 400 m lang.	S	Wie teuer ist eine Briefmarke?	I	2400	T	€
2 E	Eine Packung Kopierpapier enthält 500 Blatt.	M	Ein Verrückter hat sich 8 Jahre lang die Haare nicht schneiden lassen.	E	Wie viel Zeit braucht sie für 8 Umkreisungen?	1 U	30	W	Cent
3 R	Peter ist auf dem Sportplatz 6 km gelaufen.	H	Sie benötigt für 4 Umkreisungen 6 Stunden.	T	Wie viel wiegen alle Flaschen zusammen?	R	25	Z	Runden
4 K	Die Kopfhaare wachsen im Jahr rund 25 cm.	1 M	Ein Liter Benzin kostet 2 €.	M	Wie lang sind seine Haare gewachsen?	G	5,20	1 A	l
5 E	Vater kauft 6 Briefmarken gleicher Sorte.	E	Körnerbrötchen kosten 1,30 € pro Stück.	O	Wie dick sind 2500 Blatt Papier?	C	15	E	m
6 D	In einem Saftkarton sind 6 Flaschen.	A	Er muss 5,40 € für die Marken bezahlen.	D	Was kosten 4 Stück?	E	12	N	cm
7 I	Eine Raumstation umkreist die Erde.	I	Der Papierstapel ist 5 cm dick.	1 K	Wie viel Liter Benzin hat sie getankt?	H	2	L	h
8 R	Es gibt verschiedene Brötchenarten.	T	Eine Flasche wiegt 400 g.	M	Wie viele Runden ist er gelaufen?	D	90	E	g

M ① ② ③ ④ ⑤ ⑥ ⑦ ⑧ — M ① ② ③ ④ ⑤ ⑥ ⑦ ⑧ — K ① ② ③ ④ ⑤ ⑥ ⑦ ⑧ — U ① ② ③ ④ ⑤ ⑥ ⑦ ⑧ — A ① ② ③ ④ ⑤ ⑥ ⑦ ⑧

TEXTAUFGABEN BILDEN

Lösungssatz: M________ ______: ______ __________ __________

________ ______ __________ ________.

– LÖSUNG –

Text 1		Text 2		Frage		Zahl		Benennung	
1 M	Mutter tankt für 60 € Benzin.	3 T	Eine Runde auf dem Sportplatz ist 400 m lang.	5 S	Wie teuer ist eine Briefmarke?	6 I	2400	8 T	€
2 E	Eine Packung Kopierpapier enthält 500 Blatt.	4 M	Ein Verrückter hat sich 8 Jahre lang die Haare nicht schneiden lassen.	7 E	Wie viel Zeit braucht sie für 8 Umkreisungen?	1 U	30	5 W	Cent
3 R	Peter ist auf dem Sportplatz 6 km gelaufen.	7 H	Sie benötigt für 4 Umkreisungen 6 Stunden.	6 T	Wie viel wiegen alle Flaschen zusammen?	2 R	25	3 Z	Runden
4 K	Die Kopfhaare wachsen im Jahr rund 25 cm.	1 M	Ein Liter Benzin kostet 2 €.	4 M	Wie lang sind seine Haare gewachsen?	8 G	5,20	1 A	l
5 E	Vater kauft 6 Briefmarken gleicher Sorte.	8 E	Körnerbrötchen kosten 1,30 € pro Stück.	2 O	Wie dick sind 2500 Blatt Papier?	3 C	15	4 E	m
6 D	In einem Saftkarton sind 6 Flaschen.	5 A	Er muss 5,40 € für die Marken bezahlen.	8 D	Was kosten 4 Stück?	7 E	12	2 N	cm
7 I	Eine Raumstation umkreist die Erde.	2 I	Der Papierstapel ist 5 cm dick.	1 K	Wie viel Liter Benzin hat sie getankt?	4 H	2	7 L	h
8 R	Es gibt verschiedene Brötchenarten.	6 T	Eine Flasche wiegt 400 g.	3 M	Wie viele Runden ist er gelaufen?	5 D	90	6 E	g

M E R K E D I R M I T M A T H E K O M M S T E D U R C H D I E G A N Z E W E L T

1 2 3 4 5 6 7 8 1 2 3 4 5 6 7 8 1 2 3 4 5 6 7 8 1 2 3 4 5 6 7 8 1 2 3 4 5 6 7 8

Lösungssatz: Merke dir: Mit Mathe kommste durch die ganze Welt.

TEXTAUFGABEN BILDEN

Zuordnungen anwenden – Textaufgaben

Ordne Texte, Fragen und Ergebnisse richtig zu und nummeriere entsprechend. Spaltenweise von oben nach unten gelesen ergibt sich aus den Buchstaben der Spalten der Lösungssatz.

	Text 1		Text 2		Frage		Zahl		Benennung
1 E	3 Schulhefte kosten 1,65 €.	D	Herr Maier fährt jeden Tag 75 km zur Arbeit hin und zurück.	E	Wie viel muss jeder Teilnehmer der Sonderfahrt bezahlen?	N	6	O	l
2 R	Hans trägt Zeitungen aus.	Q	10 Ein-€-Münzen wiegen 75 g.	T	Wie oft muss jeder LKW fahren?	1 E	1,10	1 T	€
3 I	3 Netze sind mit je 8 Apfelsinen gefüllt.	E	Er bekommt für 50 Zeitungen 5 €.	R	Wie hoch ist Herrn Maiers Stundenlohn?	I	3	H	Cent
4 S	Herr Maier verdient 200 € am Tag.	1 H	Anna braucht aber nur noch 2 Hefte.	D	Wie viele Apfelsinen sind in jeder Tüte?	T	15	S	g
5 T	Herrn Maiers Auto verbraucht durchschnittlich 4 l Diesel auf 100 km.	E	Es werden 3 gleiche LKW eingesetzt.	1 U	Wie viel muss Anna für 2 Hefte zahlen?	Y	1500	A	Stück
6 D	Ein Lastwagen muss 45 mal fahren, um einen Steinhaufen wegzufahren.	R	Heute ist der Bus nur halbvoll.	L	Wie viel wiegen 200 1-Euro-Münzen?	R	10	G	€
7 E	Es kostet 500 €, einen Bus mit 50 Sitzplätzen für eine Sonderfahrt zu mieten.	R	Die Apfelsinen werden ausgepackt und auf 4 Tüten gleichmäßig verteilt.	A	Wie viel verdient er mit jeder Zeitung?	M	25	R	mal
8 R	Große Münzmengen werden in Banken nicht gezählt, sondern gewogen.	R	Herr Maier arbeitet jeden Tag 8 Stunden.	A	Wie viel Liter Diesel braucht Herr Maier täglich auf seinem Arbeitsweg?	P	20	A	€

E _   _ _ _   _ _ _   H _ _ _   _ _ _   _   U _ _ _ _ _ _   _   E _ _   _ _ _   _ _   T _ _ _ _ _ _ _

(1)(2) (3)(4)(5) (6)(7)(8)   (1)(2)(3)(4) (5)(6)(7) (8)   (1)(2)(3)(4)(5)(6)(7) (8)   (1)(2)(3) (4)(5)(6) (7)(8)   (1)(2)(3)(4)(5)(6)(7)(8)

Lösungssatz: E____ ____ ____ ______ ____ __________:

______ ______ ____________.

TEXTAUFGABEN BILDEN

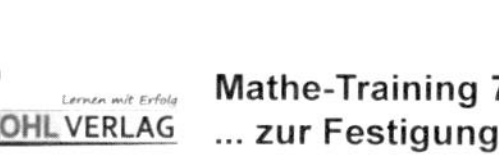

– LÖSUNG –

	Text 1		Text 2		Frage		Zahl		Benennung
1 E	3 Schulhefte kosten 1,65 €.	5 D	Herr Maier fährt jeden Tag 75 km zur Arbeit hin und zurück.	7 E	Wie viel muss jeder Teilnehmer der Sonderfahrt bezahlen?	3 N	6	5 O	l
2 R	Hans trägt Zeitungen aus.	8 Q	10 Ein-€-Münzen wiegen 75 g.	6 T	Wie oft muss jeder LKW fahren?	1 E	1,10	1 T	€
3 I	3 Netze sind mit je 8 Apfelsinen gefüllt.	2 E	Er bekommt für 50 Zeitungen 5 €.	4 R	Wie hoch ist Herrn Maiers Stundenlohn?	5 I	3	2 H	Cent
4 S	Herr Maier verdient 200 € am Tag.	1 H	Anna braucht aber nur noch 2 Hefte.	3 D	Wie viele Apfelsinen sind in jeder Tüte?	6 T	15	8 S	g
5 T	Herrn Maiers Auto verbraucht durchschnittlich 4 l Diesel auf 100 km.	6 E	Es werden 3 gleiche LKW eingesetzt.	1 U	Wie viel muss Anna für 2 Hefte zahlen?	8 Y	1500	3 A	Stück
6 D	Ein Lastwagen muss 45 mal fahren, um einen Steinhaufen wegzufahren.	7 R	Heute ist der Bus nur halbvoll.	8 L	Wie viel wiegen 200 1-Euro-Münzen?	2 R	10	4 G	€
7 E	Es kostet 500 €, einen Bus mit 50 Sitzplätzen für eine Sonderfahrt zu mieten.	3 R	Die Apfelsinen werden ausgepackt und auf 4 Tüten gleichmäßig verteilt.	2 A	Wie viel verdient er mit jeder Zeitung?	4 M	25	6 R	mal
8 R	Große Münzmengen werden in Banken nicht gezählt, sondern gewogen.	4 R	Herr Maier arbeitet jeden Tag 8 Stunden.	5 A	Wie viel Liter Diesel braucht Herr Maier täglich auf seinem Arbeitsweg?	7 P	20	7 A	€

E R | I S T | D E R | H E R R | D E R | Q | U A D R A T E | L | E R N | M I T | P Y | T H A G O R A S
1 2 | 3 4 5 | 6 7 8 | 1 2 3 4 | 5 6 7 | 8 | 1 2 3 4 5 6 7 | 8 | 1 2 3 | 4 5 6 | 7 8 | 1 2 3 4 5 6 7 8

TEXTAUFGABEN BILDEN

Lösungssatz: Er ist der Herr der Quadrate: Lern mit Pythagoras.

Zuordnungen anwenden – Textaufgaben

45**

Ordne Texte, Fragen und Ergebnisse richtig zu und nummeriere entsprechend. Spaltenweise von oben nach unten gelesen ergibt sich aus den Buchstaben der Spalten der Lösungssatz.

	Text 1		Text 2		Frage		Zahl		Benennung
1 M	Die Räder an Lenas Fahrrad haben einen Umfang von je 1,50 m.	S	Wenn er jeden Tag 4 Stück kaut, kommt er 15 Tage aus.	R	Wie lang ist der Zug heute unterwegs?	T	600	E	Kinder
2 A	Anna zählt ihre Schritte bis zur Schule.	I	Wegen starker Gegenwinde war das Flugzeug gestern auf dieser Strecke 8 Stunden unterwegs.	H	Wie oft dreht sich ein Rad auf Lenas Schulweg?	I	500	E	l
3 T	Für das Sportfest werden alle Schulkinder in Gruppen gleicher Anzahl aufgeteilt.	N	Das Flugzeug wird mit 2 t Kerosin betankt.	H	Wie weit kommt Frau Maier mit einer Tankfüllung?	H	5000	R	Tage
4 H	Nach dem Geburtstag teilt sich Peter die geschenkten Kaugummis ein.	I	Lenas Schulweg ist 7,5 km lang.	E	Wie hoch war gestern die durchschnittliche Geschwindigkeit des Flugzeugs?	D	2500	A	mal
5 E	Frau Maiers Auto braucht durchschnittlich 7,5 l Benzin (pro 100 km).	C	Der Zug muss heute eine Strecke von 600 km fahren.	T	Wie viele Schritte sind es, wenn jeder Schritt nur 60 cm lang ist?	L	30	R	h
6 M	1000 l Kerosin (Flugbenzin) wiegen 800 kg.	K	Wenn sie immer 80 cm lange Schritte macht, sind es 3000 Schritte.	C	Wie viele Tage reichen die Kaugummis, wenn er jeden Tag 5 Stück verbraucht?	R	7,5	B	Schritte
7 A	Für die Strecke x braucht ein Flugzeug bei normaler Geschwindigkeit von 800 km/h genau 5 Stunden.	T	In den Tank von Frau Maiers Auto passen 45 l.	S	Wie viele Kinder sind in jeder Gruppe, wenn 12 Gruppen gebildet werden?	I	4000	S	km
8 T	Ein Zug hat eine durchschnittliche Geschwindigkeit von 80 km/h.	I	Wenn 9 Gruppen gebildet werden, sind in jeder Gruppe 40 Kinder.	W	Mit wie viel Litern Kerosin wird das Flugzeug betankt?	F	12	H	km/h

M _ _ _ _ _ _ _ (1 2 3 4 5 6 7 8)   I _ (1 2)   _ _ _ (3 4 5)   _ _ _ (6 7 8)   H _ (1 2)   _ _ _ _ _ _ (3 4 5 6 7 8)   H _ _ _ _ (1 2 3 4 5)   _ _ _ (6 7 8)   A _ _ _ (1 2 3 4)   _ _ _ _ (5 6 7 8)

Lösungssatz: M ________________ ________ ________

________________, ________ ________ ________ ________!

TEXTAUFGABEN BILDEN

KOHL VERLAG Mathe-Training 7. Klasse ... zur Festigung & Wiederholung – Bestell-Nr. 12 999

– LÖSUNG –

Nr.	Text 1	Nr.	Text 2	Nr.	Frage	Nr.	Zahl	Nr.	Benennung
1 M	Die Räder an Lenas Fahrrad haben einen Umfang von je 1,50 m.	4 S	Wenn er jeden Tag 4 Stück kaut, kommt er 15 Tage aus.	8 R	Wie lang ist der Zug heute unterwegs?	5 T	600	3 E	Kinder
2 A	Anna zählt ihre Schritte bis zur Schule.	7 I	Wegen starker Gegenwinde war das Flugzeug gestern auf dieser Strecke 8 Stunden unterwegs.	1 H	Wie oft dreht sich ein Rad auf Lenas Schulweg?	7 I	500	6 E	l
3 T	Für das Sportfest werden alle Schulkinder in Gruppen gleicher Anzahl aufgeteilt.	6 N	Das Flugzeug wird mit 2 t Kerosin betankt.	5 H	Wie weit kommt Frau Maier mit einer Tankfüllung?	1 H	5000	4 R	Tage
4 H	Nach dem Geburtstag teilt sich Peter die geschenkten Kaugummis ein.	1 I	Lenas Schulweg ist 7,5 km lang.	7 E	Wie hoch war gestern die durchschnittliche Geschwindigkeit des Flugzeugs?	6 D	2500	1 A	mal
5 E	Frau Maiers Auto braucht durchschnittlich 7,5 l Benzin (pro 100 km).	8 C	Der Zug muss heute eine Strecke von 600 km fahren.	2 T	Wie viele Schritte sind es, wenn jeder Schritt nur 60 cm lang ist?	3 L	30	8 R	h
6 M	1000 l Kerosin (Flugbenzin) wiegen 800 kg.	2 K	Wenn sie immer 80 cm lange Schritte macht, sind es 3000 Schritte.	4 C	Wie viele Tage reichen die Kaugummis, wenn er jeden Tag 5 Stück verbraucht?	8 R	7,5	2 B	Schritte
7 A	Für die Strecke x braucht ein Flugzeug bei normaler Geschwindigkeit von 800 km/h genau 5 Stunden.	5 T	In den Tank von Frau Maiers Auto passen 45 l.	3 S	Wie viele Kinder sind in jeder Gruppe, wenn 12 Gruppen gebildet werden?	2 I	4000	5 S	km
8 T	Ein Zug hat eine durchschnittliche Geschwindigkeit von 80 km/h.	3 I	Wenn 9 Gruppen gebildet werden, sind in jeder Gruppe 40 Kinder.	6 W	Mit wie viel Litern Kerosin wird das Flugzeug betankt?	4 F	12	7 H	km/h

M A T H E M A T | I K | I S T N I C | H T | S C H W E R | H I L F T | D I R | A B E R | S E H R

1 2 3 4 5 6 7 8 | 1 2 | 3 4 5 6 7 8 | 1 2 | 3 4 5 6 7 8 | 1 2 3 4 5 | 6 7 8 | 1 2 3 4 | 5 6 7 8

TEXTAUFGABEN BILDEN

Lösungssatz: Mathematik ist nicht schwer, hilft dir aber sehr!

Anette Töniges

Mathe-Rätsel für helle Köpfe

Arbeitsblätter zur individuellen Förderung

Kreuzzahlrätsel, Knobeln an magischen Quadraten, Geheimcodes, Dominos, spannende Bilder- und Buchstabenrätsel ... Das Grundwissen und viele mathematische Begriffe werden spielerisch gefestigt. So geht es schwerpunktmäßig um die Grundrechenarten. Aber auch geometrische Figuren und Körper, Umrechnungen von Größen sowie Flächen- und Rauminhalte werden vertiefend behandelt.

Klasse 5	11 151	je 80 Seiten
Klasse 6	11 152	ab 16,49 €

BF PDF plus — 5 6

Michael Junga

Logisch denken lernen mit Hashis

Inseln mit Zahlen bzw. Punkten werden nach vorgegebenen Regeln miteinander verbunden. Ziel ist es, genau die vorgegebene Anzahl einfacher und doppelter Linien auf die Insel zulaufen zu lassen, ohne dass sich die Linien kreuzen. Alle Inseln müssen zum Schluss miteinander verbunden sein. Mit verschiedenen Schwierigkeitsstufen und Größen!

32 Seiten	11 464	ab 11,99 €

BF — 5 6 7 8 9 10 11-13

Michael Junga

Effektives 1x1-Training ... mit Rechenmandalas

Die mathematische Denk- & Kombinationsmöglichkeit sowie allgemeines Konzentrationsvermögen werden gefördert. Die Ergebnisse werden aufgeschrieben und mittels grafischem Kontrollsystem auf Fehler überprüft. Dies bietet universelle Einsatzmöglichkeiten als interessante Hausaufgabe. Zeitausgleich für schnellere Kinder beim Stationenlernen oder für den Wochenplan.

40 Seiten	11 395	ab 12,49 €

FÖ

5 6

Moritz Quast & Tim Schrödel

Das 1x1-Mathe-Labyrinth

Spannendes Knobeln für Schlaumeier!

80 verschiedene Labyrinthe zum kleinen und großen Einmaleins jeweils in DIN-A5-Größe, die durch Geschicklichkeit und Konzentration gelöst werden können. Die Kopiervorlagen sind sowohl zum Einsatz in der Grundschule als auch in der SEK I konzipiert. So wird das große und das kleine Einmaleins spielerisch verinnerlicht und gefestigt. Bei richtiger Lösung ergibt sich aus dem Weg durchs Labyrinth ein Lösungswort.

64 Seiten	11 325	ab 14,49 €

FÖ PDF plus — 5 6

Kathrein Schadow & Hans-J. Schmidt

Mathe-Memo

Spielerisch Stoffgebiete wiederholen

Warum nicht einmal Altbekanntes nutzen, um Stoffgebiete wie Bruchrechnung, Zahlensysteme oder Lineare Funktionen zu vertiefen? Die Spielform Memo folgt der Forderung nach methodischer Abwechslung und kann in Vertretungs- und Wiederholungsstunden und auch bei der Öffnung vom Unterricht (z.B. in Lernzirkeln) genutzt werden.

96 Seiten	12 004	ab 15,99 €

5 6 7 8 9 10

Alfons Weinem

Rätselsammlung MATHE

Eine Freiarbeitstheke für die Sekundarstufe

Diese Rätselsammlung bietet eine ganze Palette mathematischer Rätsel und Logeleien: Von Zahlenreihen und -spielen über Textaufgaben zum Knobeln und Klassiker mit Dreisatz und Zinseszins bis zu beliebten Zahlenrätseln aus Japan, Sudoku und Kakuro. Auch die Umsetzung der Mathematik kommt nicht zu kurz: Mit Aufgaben zum technischen Vorstellungsvermögen kann getestet werden, wie schnell Gewichte, Volumen und Drehbewegungen berechnet werden können. ***Übungen in allen Schwierigkeitsgraden – und das ganze im Taschenformat!***

40 Seiten	12 617	ab 12,49 €

BF — 5 6 7 8 9 10

Petra Pichlhöfer

Mathe ohne Rechnen

40 Denksportaufgaben mit Selbstkontrolle

Die Mathe-Rätsel begeistern die Schüler mit herausfordernder Denkarbeit von Mathe-Begriffen bis zu geometrischen Konstruktionen. Pfiffige Rätselformen fördern die Motivation, die Lösungen auszuarbeiten. Verschiedene Schwierigkeitsgrade unterstützen Sie bei der Vorbereitung für Ihren Unterricht und die notwendige Differenzierung. Alle Rätsel sind praxiserprobt und für eine Selbstkontrolle ausgelegt. Damit sind Sie bestens gerüstet für den kommenden Unterricht.

84 Seiten	12 287	ab 16,49 €

7 8 9

Melanie Schnurr

SCRATCH für die Schule

Scratch ist eine bildungsorientierte visuelle Programmiersprache mit dem Ziel, das Grundkonzept der Programmierung näher zu bringen. Das Programmieren fördert das logische Denken und technische Verständnis. Scratch ist frei verfügbar in über 150 Ländern bzw. über 40 Sprachen. In diesem Heft gibt es neben Erklärungen und Übungen zum Aufbau von Scratch kleine Programme zum Ausprobieren. Außerdem werden wichtige Funktionen wie das Erstellen einer Schleife gezeigt, die dazu dienen, komplexere Aufgabenstellungen zu verstehen und eigene Programme zu erstellen. Abgerundet wird das Heft mit den Anleitungen von kleinen Scratch-Spielen, die nachprogrammiert werden können.

56 Seiten	12 744	ab 14,49 €

7 8 9

Hrsg: Kohl-Redaktionsteam

Logikrätsel Mathematik

Pfiffige Logicals zum Training logischen Denkens

Mit den 30 Logikrätseln werden die Gehirnzellen ordentlich angestrengt – und nebenbei wird auch noch Wissen zum Fach Mathematik vermittelt! Auf angenehme Art und Weise beschäftigen sich die Schüler mit wichtigen Inhalten und wiederholen und festigen, ohne sich dessen wirklich bewusst zu sein. Logikrätsel erhöhen die geistige Fitness. Sie sind ein ideales Training für den Kopf, erhöhen die Konzentration und machen einfach nur Spaß!

40 S.	11 087	ab 12,49 €

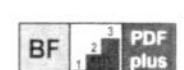

BF PDF plus — 5 6

Stefan Lamm

Kreuzworträtsel MATHE

34 Kreuzworträtsel zur Prüfung & Festigung

Rätsel begleitend zum Lehrplan aller Schuljahre in der Sekundarstufe. Der Einsatz dieser Rätsel schult das mathematische Allgemeinwissen, denn auch in Mathe gibt es unerlässliche Vokabeln, deren Bedeutung jeder kennen sollte. Die Kreuzworträtsel sind auch bestens geeignet für Vertretungsstunden, den fachfremden Themeneinstieg oder die Wiederholung bzw. Zusammenfassung eines Themenbereichs.

48 Seiten	12 235	ab 12,49 €

PDF plus — 5 6 7 8 9 10

Barbara Theuer

Mathe-Nüsse knacken

Rätsel rund um Weihnachten

Rätsel ganz verschiedener Art und Schwierigkeit werden geboten; es geht aber immer um das Thema Weihnachten. Dabei kommt schon die richtige Stimmung auf, man kann aber durchaus noch Mathematik üben. Anspruchsvollere Themen wie geometrische Reihe, aber auch praktische wie die Konstruktion von Sternen als regelmäßige Figuren oder Berechnung der Adventssonntags-Daten. Zur Auflockerung gibt es Rätsel mit Gedichten, Texten über St. Martin oder Nikolaus – oder einfach Worträtsel.

64 Seiten	12 930	ab 14,99 €

PDF plus — 5 6

Jörg Krampe & Rolf Mittelmann

Mathe-Training

zur Wiederholung & Festigung

45 motivierende Übungen

In jedem Band der Reihe wird der für die Klassenstufe relevante Stoff trainiert. Gegliedert nach Themen, stehen zu jedem Bereich 3 Übungsseiten zur Verfügung – grundlegendes, mittleres und anspruchsvolles Niveau. So können alle Schüler individuell am gleichen Mathe-Thema arbeiten. Die Ergebnisse der Aufgaben sind so angeordnet, dass sich beim Lösen jeweils ein lustiger Text oder ein Bild ergibt, wodurch sich zugleich die Selbstkontrolle ergibt. Dieses beliebte Prinzip wird durch Ausmalen, Geheimschrift, Bild aus Punkten, Domino, Rechenfeld, Irrgarten realisiert.

Durch die Lösungen auf der Blattrückseite wird der Einsatz in Übungsphasen des Unterrichts, im Förderunterricht, in Vertretungsstunden oder bei den Hausaufgaben erleichtert.

Klasse 5	13 025	
Klasse 6	13 026	
Klasse 7	12 999	
Klasse 8	12 996	
Klasse 9	13 027	je 96 Seiten
Klasse 10	13 028	ab 18,99 €

FÖ PDF plus — 5 6 7 8 9 10

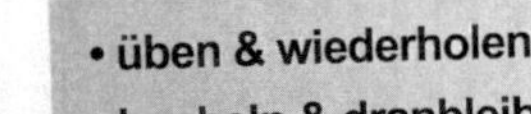

Klasse 5 6 7 8 9 10 11-13

Mathematik

Üben zu Hause

Hans-J. Schmidt

Täglich Mathe üben!

Grundlagen für jeden Tag

*Grundkenntnisse regelmäßig zu wiederholen ist wichtig! Der vergessene oder verpasste Stoff ist kompakt und übersichtlich abrufbar. Jeder Flyer behandelt ein Thema kurz & knackig: **Vorderseite:** leicht verständliche Erklärungen; **Innenteil:** gelöste Beispiele zum Nachvollziehen sowie Aufgaben zum Selberlösen; **Rückseite:** Lösungen*

88 S.	12 553	ab 16,49 €	FÖ	5 6

Dirk Meyer

Grundwissen MATHEMATIK

... kinderleicht erklärt

Jeder Band enthält zahlreiche Kopiervorlagen, die randgefüllt sind mit dem Grundwissen der jeweiligen Klassenstufe. Die elementaren Grundregeln der Mathematik werden detailliert erklärt. Motivierende Übungsaufgaben zu jedem Sachverhalt, die sich von den üblichen gewohnten Aufgaben positiv abheben, machen das Material einmalig. Die Arbeitsblätter sind so strukturiert, dass sich die Mathematik kinderleicht erklärt. Übersichtliche und ausführliche Lösungen (teils im DIN-A5-Kartenformat) runden das Ganze ab.

Klasse	Bestell-Nr.	
Klasse 5	11 534	
Klasse 6	11 535	
Klasse 7	11 570	
Klasse 8	11 806	
Klasse 9	12 528	je 104 Seiten
Klasse 10	12 529	ab 20,99 €

FÖ PDF plus — 5 6 7 8 9 10

Petra Hartmann

Intensivtrainer Rechnen

Dyskalkulie offensiv angehen

In diesen Trainingsbüchern finden sich viele verschiedene Matheaufgaben für die Klassenstufen 5/6. Die Aufgaben im Zahlenraum bis 1 Mio. und darüber hinaus sind leicht verständlich und können selbstständig erarbeitet werden. Mit Hilfe der Lösungen im Anhang können die Schüler die Aufgaben selbst überprüfen.

124 S.	Klasse 5	12 671	ab 22,49 €
148 S.	Klasse 6	12 672	ab 23,49 €

FÖ — 5 6

Axel Gutjahr

Mathe lernen ... mit Skat

Kopfrechnen spielerisch üben

Wichtig ist: Kopfrechnen und Einmaleins ständig zu üben. Das geht beim Skatspielen gerade so wie nebenbei; Spielen motiviert. Darüber hinaus wird auch das Beobachten, Merken der Karten und Kombinieren im Kopf, also auch höhere mathematische Fähigkeiten trainiert. Wer einmal Mathe spielerisch erlebt, der bleibt dabei!

56 Seiten	12 743	ab 14,49 €	FÖ INK	5 6 7 8 9 10

Michael Junga

Kopfrechentraining bis 1000

Je 48 Übungsvorlagen, mit deren Hilfe Kopfrechnen und mathematisches Denk- und Kombinationsvermögen geschult werden. Jede Aufgabe ist mit einem Symbol verbunden, das die Schüler den passenden Lösungen zuordnen können. Mit der integrierten Selbstkontrolle kann anschließend die Richtigkeit selbst überprüft werden.

48 Seiten	11 963	ab 14,49 €	FÖ INK	5 6

Andrea Schinhärl

Der innovative Dyskalkulietrainer

Schnelle Soforthilfe bei Dyskalkulie

*Die Übungen widmen sich den größten Problemfeldern des Rechnens. Ein Abschlusstest reflektiert das Gelernte. Die Kopiervorlagen sind auch zum häuslichen Üben oder für Trainingseinheiten im Regelunterricht geeignet. Der **Band 2** ist die konsequente Fortführung mit vielen neuen praxiserprobten Übungen.*

FÖ INK PDF plus

76 S.	Band 1	10 870	ab 16,49 €
80 S.	Band 2	12 313	ab 16,49 €

5 6 7 8

Michael Junga

Effektives 1x1-Training

... mit Rechenmandalas

Die mathematische Denk- & Kombinationsmöglichkeit sowie allgemeines Konzentrationsvermögen werden gefördert. Die Ergebnisse werden aufgeschrieben und mittels grafischem Kontrollsystem auf Fehler überprüft. Dies bietet universelle Einsatzmöglichkeiten als Hausaufgabe, Zeitausgleich für schnellere Kinder beim Stationenlernen oder für den Wochenplan.

40 Seiten	11 395	ab 12,49 €	FÖ	5 6

Stefan Lamm

Mein Mathe-Malbuch

Band 7: Brüche kennenlernen

Die Kinder lernen Bruchteile zu erkennen und benennen. Es sollen Brüche mit passenden Mustern kombiniert werden und schließlich stehen auch erste, einfache Rechnungen mit Brüchen zur Verfügung. Ganz nebenbei entstehen kleine Kunstwerke, die den Klassenraum schmücken können und als schöne Erinnerung an die Lernschritte für spätere Zeiten dienen können.

32 Seiten	12 667	ab 11,99 €	FÖ INK	5 6

Michael Junga

Räumliches Denktraining

Visuelle Wahrnehmungsschule

Die Übungen stärken das räumliche Denken. Die visuelle Wahrnehmung wird gefördert, die Lage-Raum-Beziehungen gestärkt. Das Material ist übersichtlich und zielorientiert strukturiert. Die vielfältigen Übungen eignen sich für den Einsatz in allen Altersstufen und zur Wiederholung & Förderung.

40 Seiten	11 396	ab 12,49 €	FÖ	5 6

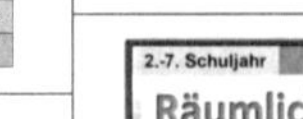

Stefan Lamm

Räumliches Denktraining / Band 2

Entscheidend genutzt wird in diesem Übungsmaterial das Zusammenspiel von Auge und Hand. Dabei kann das Anfassen und Herumdrehen von Objekten eben auch „im Kopf" passieren. Auf diese Weise wird ein Objekt dreidimensional in der Vorstellung verankert, das Konzept der Oberfläche und das des Volumens als solche müssen erst angelegt werden.

56 Seiten	12 513	ab 13,49 €	FÖ	5 6 7

Cornelia Gutjahr

Keine Angst mehr vor Brüchen

In detaillierten Schritten wird die Herangehensweise zur Lösung von Bruchrechnungs- und Dezimalzahlenaufgaben erläutert. Zahlreiche Beispielaufgaben, zu denen ausführliche Lösungswege mit angegeben sind, bieten den Schülern sehr gute Möglichkeit, das erworbene Wissen zu festigen. Das Material ist so aufbereitet, dass sich Schüler sowohl die gesamten Grundlagen der Bruch- und Dezimalzahlenrechnung als auch einzelne Themenabschnitte sogar im Selbststudium problemlos aneignen und dadurch versäumten Stoff schnell nachholen können.

96 Seiten	12 924	ab 18,99 €	6 7 8

Michael Junga

Intelligente Spiegelrätsel

Räumliches Denktraining

Differenzierte Vorlagen zum sachgerechten Anfertigen von Spiegelbildern mit einer oder mehreren Spiegelachsen. Visuelle Übungen mit dem Schwerpunkt Figur-Grund-Wahrnehmung fördern die Auge-Hand-Koordination sowie die Konzentration. Das fertige Bild kann farbig ausgestaltet werden.

64 Seiten	11 394	ab 14,99 €	FÖ	5 6

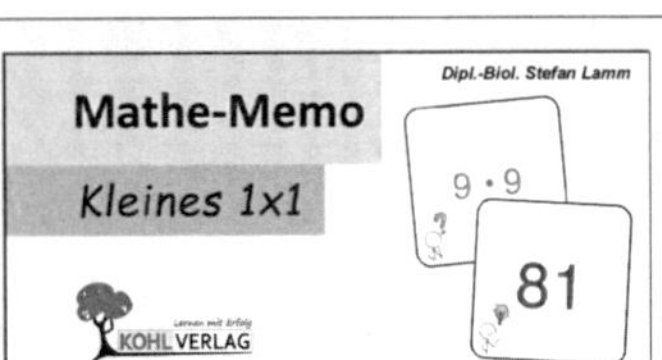

Dipl. Biol. Stefan Lamm

Mathe-Memo / Kleines 1x1

TIPP

Spielerisches Kopfrechentraining

- spielerisch das Einmaleins erlernen
- wichtige mathematische Grundlage schaffen

110 Karten	16 501	12,95 €	FÖ INK	5 6 7 8

Dipl. Biol. Stefan Lamm

Legelernspiel / Geometrie

Grundlagen der Geometrie

- spielerisch Grundlagen lernen
- wichtige mathematische Grundlage schaffen

100 Karten	16 502	12,95 €	FÖ INK	5 6 7 8

Jürgen Tille-Koch

Starter-Kit Mathe – Grundbegriffe

Größen, Grundrechenarten, Zahlenbegriffe, Geometrie

Die wichtigsten Grundbegriffe zu den Größen, Grundrechenarten, Zahlen und zur Geometrie werden wiederholt, zusammengefasst und kurz und anschaulich dargestellt. Einfache Aufgabenstellungen festigen das Grundwissen und wenden es an.

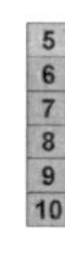

24 Seiten	12 373	ab 10,99 €	5 6 7 8 9 10